JN410230

설레는 어느 하루

장호병 수필집

국립중앙도서관 출판시도서목록(CIP)

실키의 어느 하루 : 장호병 수필집 / 장호병. -- 서울 : 북랜드, 2011
p.192 ; 13 × 19cm
ISBN 978-89-7787-548-7 03810 : ₩10000

한국 현대 수필[韓國現代隨筆]

814.7-KDC5
895.745-DDC21 CIP2011005047

장호병 수필집

실키의 어느 하루

초판 **인쇄**| 2011년 11월 11일
초판 **발행**| 2011년 11월 22일
재판 **인쇄**| 2012년 10월 02일
재판 **발행**| 2012년 11월 09일

글쓴이|**장호병**
펴낸이|장호병
펴낸곳|북랜드
135-936 서울 강남구 역삼동 832-7 황화빌딩 1108호
대표전화 (02) 732-4574 | (053) 252-9114
팩시밀리 (02) 734-4574 | (053) 252-9334

등록일| 1999년 11월 11일
등록번호| 제13-615호
홈페이지| www.bookland.co.kr
이-메일| bookland@hanmail.net

주 간| 곽홍렬
편 집| 김인옥
표지장정| 이영철
영 업| 최성진

ISBN 89-7787-548-7 03810

값 10,000 원

실키의 어느 하루

장호병 수필집

북랜드

머리말

지금은 몸살 중

강의와 책 만들기, 그리고 글쓰기.

어느 것이 본업이고, 어느 것이 부업인지 모르겠다. 손금 보는 이가 나더러 부업이 더 잘 된다고 했는데 딱히 확신할 수는 없다. 부족한 능력으로 동에 번쩍 서에 번쩍 하다 보니 내 몸은 늘 몸살 중이다.

신기하게도 강의로 얻은 몸살도, 책 만들다가 얻은 몸살도 글을 쓰면서 치유된다. 몸살을 앓는 동안 내가 자라고 있음이 느껴지고, 여전히 난 더 자라야 한다.

일인삼역, 어느 하나가 주업을 자처할 때 나머지는 기꺼이 휴식이 되어 나를 새롭게 충전시킨다. 저들끼리는 이미 떨어질 수 없는 동무이다. 그들이 나를 살게 한다. '일도 해 본 사람이 한다.'가 빈말은 아니었다. 일인사역, 일인오역! 기꺼이 받아들이리라.

아무래도 몸살은 오래 지속될 것 같다.

2011년 동짓달

장호병

표지그림 : 이영철(서양화가)

차례

제2부

제3부

제 1 부

어떤 습관

지인들의 집을 방문하면 책장이나 서재에 제일 먼저 눈이 간다. 그리고는 내가 기증했던 책이 잘 있는지, 또 있다면 어느 자리에 어떤 모습으로 있는지 살펴보게 된다. 널린 것이 책인 세상에 보잘것없는 남의 수필집 한 권이 그에게 뭐 그리 대수이랴. 그래도 딸네집에 들른 아비의 심정으로 책을 찾아본다.

오래 전에 작고한 시인 한 분은 평소 그를 아껴주던 직장 선배의 이사를 도와주러 갔었다. 자신이 기증했던 시집이 장롱을 괴고 있는 것을 발견하고는 심한 모멸감과 함께 피가 거꾸로 돌더라는 말을 털어놓았다.

출판사 초년병 시절이다. 요사이도 마찬가지지만 연말이면 출판물이 몰리기 마련이다. 수작업 시절이라 겨울이면 밥 거르고 날밤새기를 오히려 밥 먹듯 했다. 몸도 녹일 겸 출출한 배를 달래고자 오뎅을 한 냄비 사왔다. 신문을 한 장 깔고 그 위에 냄비를 내려놓으려는 찰나였다. 함께 야간작업을 돕던 시인이자 지역 신문의 문화부 기자였던 L선배가 갑자기 그 신문을 낚아채고는 중앙지를 찾아 그 자리에 놓았다.

수십만 부 중 하나인 그 복제물을 두고도 자식 다루듯 애정이 쏠리는데 심혈을 기울여 집필한 작품집임에랴. 그 사랑은 각별하고도 남음이 있다 하겠다.

문단 입문기에 선배 저자로부터 '혜존'이니 '청람'이니 하는 헌사가 적힌 책을 받았을 때 얼마나 뿌듯했던가. 글동네에서만 느낄 수 있는 특별한 감동이었다. 지금도 책을 받으면 고심했을 저자의 노고를 새기며 어떤 작품세계와 만날까 설레게 된다. 아동문학가들은 아예 아이의 이름으로 헌사를 적어 주기도 했다. 우리 아이들은 그런 책에 대해 자부심을 크게 가졌고 대학을 졸업한 지금도 그 책들을 간직하고 있다.

난 헌책방 기웃거리기를 좋아한다. 젊은 시절 고서점에서 헌사가 적힌 책 한 권을 발견했다. 저자도 기증받은 사람도 다 아는 분이었고, 그 책은 나도 가지고 있었지만 남이 보기 전에 얼른 구입했다. 작품집을 주고받는 소중한 인연이 이렇게 방치된 데 대한 의리 같은 것이었는지도 모른다.

책은 다른 예술작품과는 달리 수많은 복제품 중 하나임에도 불구하고 한 권 한 권이 다 아우라를 가진다. 헌사와 함께 작가가 손수 서명하는 책이라면 주고받는 사이는 특별한 인연이라 해도 좋을 것이다.

책도 엄연한 상품이다. 저자는 애써 창작하고, 제작 혹은 구입을 위해 적지 않은 비용을 지불하고, 우편료를 치렀다. 뿐만 아니라 여러 단계의 수고를 마다하지 않았다. 필체가 나쁘거나 손이 달리는 저자는 남의 손을 빌려서라도 헌사를 적어서 존경하는 이들에게 책을 돌렸다. 나 같은 사람에게까지 혼을 담은 작품을 읽어달라고 정중히 청했으니 책장이 닳도록 읽고 고마움의 인사라도 전해야겠다고 마음먹는다. 그러나 삶이 팍팍해서인지 몸이 마음처럼 쉽게 따라주지 않는다. 몇 작품이라도 읽어 소감까지 곁들여 인사를 한다는 게 번번이 기회를 놓친다.

기증받은 책이지만 부득이 정리해야 할 때는 헌사가 붙은 면지를 떼어냈다. 애써 기증해주신 분이 그 책을 본다면 가슴 시릴 것을 생각해서이다.

최근엔 웬만한 작품은 인터넷에서 다시 만날 수 있다. 다 읽고 난 책이나 나와 관련이 없는 책은 그 책이 꼭 필요할 후배에게 선물한다. 떠나는 책에 대한 예의로 난 받은 헌사 밑에 내가 다시 헌사를 쓰고 서명을 해서 준다.

문단에 이름을 올려놓고 있다 보니 일주일에도 몇 권의 책을 받는다. 가끔 헌사가 적히지 않은 책을 받기도 한다. 선배 중 한 분은 그런 책은 동네방네 다 돌리거나, 예의가 결여된 것 같아 읽고 싶지도, 아예 읽지도 않는다고 한다. 책이 곧 그 사람이라 여겨서일 것이다.

헌사를 쓰지 않는 사람들은 이렇게 말한다. 공들여 헌

사를 적어도 언젠가는 그 책이 주인의 손을 떠나야 한다. 그때 준 사람에게도, 받은 사람에게도 마음에 부담을 갖지 않도록 아예 헌사 없이 깨끗한 책이 낫지 않을까 싶단다. 이 또한 틀린 말은 아니다.

책은 생태적으로 누워 있기를 좋아한다. 서점에서 서가에 꽂혀 있는 내 책을 발견했을 때의 반가움이란 종로에서 초등학교 짝궁을 만나는 것 못지않다. 더욱이 누워 있는 모습을 만나면 점원에게 커피라도 한잔 사주고 싶다.

불빛 한 번, 바람 한 번 쐴 기약 없이 책장에 꽂혀 있느니보다 책등이 너덜해지도록 여러 손을 거쳐야 책으로서의 진가를 발휘하는 것이다. 그럼에도 남의 서재에서 내 책을 찾는 버릇은 여전히 고쳐지지 않고 있다. 헌사 적힌 책이 돌고 돌아 헌책방에서라도 만날 수만 있다면 난 반갑게 맞이하리라.

이리저리 굴러다니던 내 책이 차라리 책도둑에게 날치기라도 당한다면 이 또한 기뻐할 일이 아닌가!

실키의 어느 하루

생은 짧고, 수컷의 하루는 길다.

몇 번이나 들어보았음직한 이 한 마디에는 생명체들의 세상 진리가 다 들어 있다 해도 지나친 말이 아니리라.

실키, 그가 나의 산장에 온 지 꼬박 아홉 달을 채우고 있다. 양력 정월 열이틀, 살을 에는 밤 팔공산을 넘어 이곳 보현산 자락까지 흘러왔다. 민들레 홀씨가 양지 음지를 가리지 않고, 바위틈에 자리 잡든 비옥한 땅을 차지하든 그것은 민들레의 의지가 아니라 바람의 소관이듯 실키의 운명 또한 그가 관여할 수 있는 바는 아니었다.

그의 본명은 실크 팔리쉬. 깃털은 흰 비단실처럼 가늘고 눈이 부시다. 그는 팔공산 수태골 어느 펜션에서 야생으로 방목되던 관상용 수탉이다.

내가 정작 관심을 두었던 것은 몸집이 작고 꼬리가 아름다운 태국산 싸움닭이었다. 야생 닭을 사로잡는다는 게 쉬운 일은 아니다. 갈 때마다 허탕을 쳤다. 섣달그믐을 하루 앞두고 주인은 생후 두 달 된 관상용 흰 암평아리 한 마리를 간신히 붙잡아 주었다. 유난히 추운 겨울이라 집에서 사나흘을 보내고, 산장에 닭장을 지어 옮겼다.

아무리 미물이라 하나, 수은주가 영하 십수 도에 머무는 이 산중에 저 혼자 두고 나만 따뜻한 방에서 두 다리 뻗고 잠을 청할 수가 없었다. 조바심 속에서 한 주일을 보냈다. 그 펜션 주인이 천신만고 끝에 다시 붙잡아 준 것 중 하나가 실키다. 다리는 검푸르고 발에는 흰털이 나 있다. 그 날 암탉 두 마리가 함께 따라 왔는데, 흰 자보와 오골계의 일종인 블렉코친이다. 이들의 나이는 대략 다섯 달 정도 되었다.

꽁지깃의 크기나 윤기를 남성다움의 잣대로 여긴 나의 짧은 소견 탓에 실키는 나의 관심에서 조금은 멀어져 있었던 게 사실이다. 이 불만은 실키의 몸값이 나의 속물근성을 잠재울 때까지 계속되었다. 그래도 그의 귀공자다운 자태는 나의 방문객들에게 여전히 자랑거리였다.

미성년으로 나에게 왔지만, 한 달 정도가 지나면서부터 실키는 끓어오르는 남성에너지를 주체하지 못하고 룸메이트들에게 성은을 베풀기 시작했다. 얌전한 자보의 등에 가뿐히 올라서서 사랑한다 속삭이고, 조금은 사나워 보이는 블렉코친에게도 사랑을 나눠주곤 했다. 훨씬 뒤의 일이지만 그게 사랑한다는 표현인지조차 모르는 막내의 꽁무니를 따라다니기도 했다. 그때마다 블렉코친이 그 앞을 막아섰다.

암컷이 둥지에 알을 낳고 나오면서 꼬꼬댁 소리를 지르면 그는 멀리 있다가도 희색이 만면하여 쫓아온다. 왼쪽 다리를 축으로 하여서는 오른쪽 날개를 퍼덕이며 시계반대방향으로 두어 바퀴 돌기도 하고, 때로는 알을 낳은 암탉 주위를 몇 바퀴 빙그르 돌면서 위로와 칭찬을 마다

하지 않는다. 그렇게 좋을 수가 없나 보다.

세 마리 암컷들이 함께 알을 품기 시작했을 때 그는 스스로 보초를 섰고, 암컷들이 식음을 전폐하다시피 했을 때 그 또한 먹는 일에 흥미가 없었다. 마침내 햇병아리 열네 마리가 태어났다. 어느 때보다 그는 생기를 찾았다. 그가 병아리들이 먹기 좋게 모이를 골라내거나 잡은 벌레를 물고 있으면 어린것들이 달려들어서는 빼앗아 갔다.

내가 뒷산에서 긁어온 부엽토를 넣어주면, 그는 흙을 죄다 파헤쳐 굼벵이나 지렁이를 잡는다. 잔디밭에 나오면 방아깨비나 메뚜기를 잘도 잡는다. 하지만 이 맛있는 먹이들을 제 목구멍으로 넘기는 법이 없다. 구구 소리를 내어 암컷이나 새끼를 부르면, 그들은 실키의 부리에 걸린 것을 넙죽 받아먹어 버린다. 반면에 암컷이나 새끼들은 지렁이라도 한 마리 물게 되면 혼자 먹기 위해 구석자리를 찾아 도망치고, 이를 놓치지 않으려는 다른 암컷이나 새끼들의 추격전이 벌어져서 참으로 볼 만한 장면을 연출하곤 한다.

병아리들도 대여섯 달이 지나니 암수가 구별이 되고

어버이보다 더 큰 녀석도 있다. 어미나 아비 또한 순종이 아니었기에 수컷 중에는 태국산 싸움닭의 잡종도 있다. 어미닭들에게 조심스레 수작을 걸기라도 할라치면 이를 눈치 챈 실키가 어디고 따라가서는 혼을 내주곤 한다.

그 골칫덩이 수컷들을 포함하여 새끼들을 다른 사람에게 분양하려고 떼어 놓았을 때 그는 처음으로 나에게 맹렬하게 달려들었다. 가족을 건사하려는 가장의 책무가 참으로 아름답게 느껴졌다.

오늘은 이웃집 진도견 수미가 마당에 풀어놓은 그들을 덮쳤다. 실키는 수미를 용케 유인하여 가족들을 안전하게 대피시키곤 지금 행방이 묘연하다. 제 한 몸 편히 호사를 부릴 수 있음에도 그는 암컷과 새끼를 위해 양보하고 희생하며 지난한 수컷의 임무를 마다하지 않았다.

불꽃 같은 삶을 산 실키에게 오늘 하루는 가장 긴 날이었다. 그리고 행복했을 것이다.

꼬끼오

강을 가로질러 달려온 희미한 새벽닭 소리에 창 쪽으로 눈이 갔다. 눈 아래 가로등은 안개 속에서 졸고 실내를 훤히 담았던 창은 점차 창 본래의 모습으로 돌아가고 있다.

언제부터인지는 모르지만 새벽이면 닭 울음소리를 희미하게나마 자주 듣는다. 몇 십 년 만에 들어보는 소리인가. 아파트촌에서 말이다. 강 건너는 나의 전망을 가리지 않을 정도로 고층 아파트가 비껴 서 있다. 참으로 다행스럽다. 내다보면 얕은 산과 들이 있긴 해도 닭을 키울 만한 농가가 흔치 않을 터이다. 좀 일찍 일어나는 날이면 책을 읽다가도 닭소리를 고대했다. 공으로 유년의 고향으로 돌아가는 기분에 새벽잠에서 일어나기가 한결 가벼웠다.

강물에 출렁이는 노을에 반해서, 매일 삼십여 분을 출·퇴근길에 깔기로 하고 이 집으로 기꺼이 이사를 왔다. 하지만 밤이나 되어야 귀가하는 나에게 노을은 애초에 내가 감상할 몫이 아니었나 보다. 덤으로 얻은 전망도 야경도 다 시들해 갈 무렵 새벽의 닭 울음소리는 나에게 큰 행복감을 안겨 주었다.

한동안 듣지 못했던 그 소리를 엊그제 새벽엔 안방에서 너무나 똑똑히 들었다. 잠결에 위층이나 아래층 어느 집에서 닭을 키우는가 싶었다. 아무리 생각해도 나의 방에서 나는 소리였다. 아내가 닭을 사다 두었을 리는 없고 난 꿈인 듯 생시인 듯 닭소리에 홀린 게 분명했다. 이윽고 닭소리는 그쳤지만 그 생생한 소리의 진원지를 찾아내려 잠결에서 허우적이고 있었다. 얼마의 시간이 흘렀는지 다시 조금 전보다 훨씬 큰 소리로 또렷하게 '꼬끼오'를 연발했다. 나는 기어이 자리에서 박차고 일어나 그 소리를 찾아 나섰다. 더듬더듬……. 텔레비전 뒤에서 나는 소리였다. 그렇다고 텔레비전이 켜진 것은 물론 아니었다.

아들이 서울로 가면서 아내에게 물려주고 간 휴대폰에서 나는 소리였다. 아내가 자명종을 대신하여 휴대폰에 맞춰둔 시각에 '꼬끼오'를 연발했다. 그래도 일어나지 않으니 얼마간의 말미를 주었다가 다시 더 큰 소리로 우리를 깨웠다. 닭보다는 똑똑한 문명의 이기다. 아, 이제까지 새벽마다 희미하게 들었던 그 소리는 아들의 방에서 울린 알람소리였단 말이지!

닭이 될 수는 없어도, 닭보다 똑똑한 짝퉁 닭소리.

닭을 사다 키웠던들 그 소리가 나날이 즐거웠을까. 가리지널이 오리지널을 압도한다.

행세깨나 하는 집안 귀부인들의 경우, 수백 수천만 원을 호가하는 명품 액세서리는 장롱 속에서 깊숙이 잠자고, 일이십만 원짜리 짝퉁이 진통 행세를 한다고 한다. 잃어버려도 아깝지 않고 오히려 잃어버렸을 때 통쾌하거나 행복감으로 충만한다니 세상일은 겪어보지 않고서야 모를 일이다.

진짜보다 더 진짜 같은 짝퉁이 국내에서도 한때 많이 나돌았다. 프로스팩스, 나이키, 월드컵이란 고급 운동화 브랜드가 기차표, 타이어표를 누를 때 하이프로스팩스, 뉴나이키, 뉴월드컵 등의 라벨이 동이 난 적이 있었다. 소득 수준이 상대적으로 낮은 근로청소년이나 학생들의 허기를 달래주는 덴 이들 짝퉁이 큰 기여를 했으리라. 이 때문에 진통 또한 유명세를 더 크게 탔는지도 모른다. 요즘은 짝퉁 아파트까지 성행하고 있으니 짝퉁의 위력을 알 만하다.

외국에서는 엘비스 프레슬리나 비틀즈와 닮은 이미테이션 가수들이 오리지널 가수 못지 않게 인기를 누리고 있다. 이에 버금갈 정도는 아니지만 국내에서도 너훈아, 조형필, 현찰, 하춘하 등 닮은꼴 가수들이 밤무대나 경로잔치 등에서 인기리에 활동하고 있다.

지난 연말 동창들의 송년모임에서 가수 장윤정이 '어머나'를 깜찍하게 열창했다. 노래도 잘 불렀지만 주먹만 한 얼굴은 이쁘고 귀여웠다. 노래가 끝난 후 인기에 걸맞게 저마다 다가와 얼굴을 가까이 대고는 팔을 길게 내뽑아

휴대폰으로 사진을 찍었다. 나이 지긋한 동창회장은 얼굴을 살짝 부비더니 "진짜예요!" 하며 물었다.

가리지널이 오리지널을 능가하는 세상을 빗대었음이리라. 쌍꺼풀 수술은 예사이고 이쁘게 보일 수만 있다면 얼굴을 죄다 뜯어 고치는 것도 마다 않는 세상이다. 부위별로 여러 군데를 고칠 때는 견적이라는 이름으로 비용을 산정해 낸다나. 신분증의 사진과 실제 얼굴 모습이 달라 애로를 겪는다는 검문 경찰의 볼멘소리에 이해가 간다.

천당에는 한 번 피기만 하면 시들거나 지지 않는 영원히 아름다운 꽃이 있다. 하지만 향기가 없다고 한다. 진퉁에서 우러나는 향을 마다하고 만만한 쓰임새 때문에 스스로 짝퉁이 되기를 자처하는 사람들이 많다. 나도 그중의 하나인가 보다. 거울 속의 내 모습이 낯설어질 때면 나도 눈가의 잔주름을 펴고 보톡스 주사라도 맞고 싶은 충동이 인다.

악화가 양화를 구축하듯 어느덧 나도 나 안의 진퉁을 몰아내고 세속을 좇는 일에 익숙해져 가고 있는지도 모른다.

가끔 듣는 '꼬끼오'를 경계의 표석으로 삼아야 할까 보다.

꿈 이야기

측간에 들어서는 순간, 땅바닥에서 갑자기 멧돼지가 솟아올랐다. 피할 겨를도 없이, 녀석은 날 덮쳤다. 순식간의 일이지만 난 선명한 기억으로 잠을 깼다. 아무래도 심상찮다. 그 와중에 로또를 사야 할지 말아야 할지 망설였다. 숙면의 뒤끝인지라 이부자리 속에 몸을 깊이 묻어 보지만 더 이상 잠은 오지 않는다. 날이 밝기를 기다려 출근길에 결정을 내려도 늦지는 않으리라.

러시아워에 집을 나섰지만 시원스레 차가 빠졌다. 점심

시간이 지날 무렵 꿈 생각이 났다. 로또를 사러 가, 말어? 굴러들어온 행운을 차버리기엔 너무 아깝다. 오늘처럼 유쾌한 날이 그다지 많지 않았던 것 같다. 한 나절 내내 마음이 설렌다. 찰나에 지나지 않았을 그 꿈이 종일 나를 짜릿한 긴장과 설렘의 도가니로 몰아가고 있다. 연신 콧노래를 흥얼거리지만 이런 나의 기분을 아무도 눈치 채지는 못했다.

언제나 느끼는 돈에의 갈증을 한방에 날려버릴 절호의 기회가 눈앞에 왔다. 발행을 중단해야 했던 시사랑 잡지에는 5억 원 정도, 그리고 회관도 하나 마련하여 문인들의 쉼터 겸 창작의 공간도 마련하고……. 한쪽 문이 닫히면 또 다른 문이 열린다고 하던가. 나에게 이렇게 새 돈줄이 열리다니. 무엇보다 외국에서 유학하고 있는 딸아이에게 매번 얼마면 되겠느냐고 물어볼 것 없이 제 날짜에 척척 송금도 할 수 있다.

휘파람을 불며 사무실을 나선다. 몇 장을 살까, 한 장, 두 장, 아니 아예 열 장 정도?

하여간 조짐이 좋다. 오늘은 내 앞에서 알짱거리는 굼

벵이 운전자들에게도 마음이 너그럽다. 뿐만 아니라 끼어들기를 시도하는 모든 차량들에게 양보를 한다. 얼마 만에 가져보는 평화인가.

로또! 행운은 이미 내 손끝에서 춤추고 있다. 쏟아지는 갈채와 환희! '나에게도 한 번쯤'이 실현되려는 순간이다. 스포트라이트에 정신이 아찔하다.

순간, 정전처럼 아무것도 보이지 않는다. 모처럼 나에게 찾아온 이 평화를 한 차례의 행운과는 맞바꿀 수 없다는 생각이 뇌리를 스친다.

비록 지치고 힘들더라도 새로운 문을 향해 끊임없이 노크를 해야겠다. 황금돼지해인 새해, 아니 나에게 남은 날들을 오늘 같은 기대와 설렘으로 채우고 싶다.

마음이 바뀌기 전, 나는 급히 핸들을 꺾었다. 그리고 아무 일도 없었다는 듯 일터로 돌아왔다.

봉황터

호 가진 사람들을 부러워한 적이 있다. 지금도 그들이 부럽다. 선뜻 호를 지어 주겠다는 사람 하나 없는 난 이 세상에 별로 쓸모가 없나 보다. 이름에 더하여 아호로 불리어지는 사람은 멋있고 위대해 보인다.

'이름'에 대한 어원을 생각해 본다.

우선 현재 생긴 모습이나 속성에서 분류하여, 명칭을 붙였다는 뜻이다. 개불알꽃, 애기똥풀, 할미꽃이란 이름에서 그 이미지는 뚜렷이 다가온다. 일면식이 없는 사람일지라도 별명을 들으면 그가 어떤 사람인지 쉽게 짐작할 수 있다.

또 다른 하나는 설정한 곳까지 이른다는 미래지향적 뜻이 담겨 있다. 말에는 주술기능이 있어 말하는 대로 이루어지는 경향이 있다. 자식에게 붙이는 이름은 부모의 간절한 기도 그 자체이다.

좋은 이름으로 불리어지더라도, 자신의 현재와 미래를 관통하는 새로운 이름을 인생 선배나 스승으로부터 얻으니 이것이 호이다. 선배나 스승이 한둘이 아니고, 인생사 여러 굽이니 그때마다 호가 생겨 여러 개의 호를 사용하기도 한다. 예명, 필명, 아호 등이 이에 속하고, 스스로 호를 짓기도 하니 자호自號라 한다. 조상들은 부모로부터 얻은 이름이 나쁜 일에 남는 것을 경계하였을 뿐만 아니라 이름이 함부로 불리지 않도록 소중히 여겼다. 그래서 어른이 되어서는 자字로 호칭하였고, 성가하여서는 처갓곳이나 벼슬을 따 택호宅號로 사용하였다.

삼십대 초입, 어느 문학 세미나에서 송명호 선생이 내 이름을 보시더니, '베풀장張, 여름하늘호昊, 불꽃병炳'이라

되뇌며 "이름값 하시겠네!"하고는 누가 이름을 지었느냐고 물으셨다. 아버지께서는 아이가 태어나면 즐겨 이름을 지으시고 그때마다 흡족해 하셨다. 내 이름을 귀히 여기셨는지 아버지는 '수야'라는 아명을 함께 주셨다. 학교에 들어갈 때가 되어서야 내 이름이 '호병'이란 것을 알았다. 발음이 힘들어서인지 어른들도 친구들도 언제나 '수야'로 즐겨 불렀다.

이름값 할 그날이 좀체 오지 않은 것을 안 때는, 그 좋은 이름이 자주 불리어지지 않았음에 최근 주목하게 되면서이다. 한때 텔레비전을 보면서 며느리나 사위의 이름을 마구 부르는 것을 못마땅해 한 적이 있다. 지금 생각해보면 부모의 염원이 담긴 이름이니만큼 부를 수 있는 한 많이 불러서 이름값에 빨리 도달하도록 하는 것이 좋겠다는 생각이 든다.

오형제 중 막내가 결혼을 하자 아버지는 형제간에 우애가 변치 말라는 뜻으로 돌석 자를 넣어 자를 지어주셨다. 나의 경우 석하石夏인데 형제들이 모일 기회가 흔치 않고, 또 모여도 이름 부를 일이 거의 없어 그냥 집안 족

보에나 올라 있다.

호를 지어줄 고매한 스승도, 언제나 동행해 줄 친구도 흔치 않은 세상이고 보면, 이런 복잡한 이름 체계는 고리타분한 유교사회의 잔재로서 청산해야 한다고 생각하는 이가 많다. 하지만 호 없는 이에게 호는 참으로 부러운 액세서리임에 틀림없다.

좋은 이름은 부를수록 더 좋아지고 나쁜 이름은 부를수록 더 나빠진다. 이름이 교수라서 교수 된 이가 있고, 이름이 과장이라 과장까지 승진한 이가 있다. 이름을 보면서 은연중에 어떤 사람인가 점쳐보기도 한다. 무영탑 전설의 주인공인 아사달의 이름에서 사랑은 사달이 나게 되어 있었다고 느껴진다. 외숙이나 외순 씨를 만나면 외가에서 태어났겠거니, 분순 씨를 만나면 꽃가루분 자를 썼지만 딸부잣집의 막내쯤이라 짐작을 해 본다.

호는 요즘 아이디나 닉네임이라는 말로 옷을 갈아입고, 인터넷에서는 이름보다 더 많이 사용된다. '늑대'가 음흉한 사람으로 여겨지듯, 그의 정체성은 아이디와 닉네임에서 분명히 드러난다. 성이나 이름이 아이디에 포함되어 있다면 대부분 사, 오십대 이후의 구세대들이다.

남의 닉네임은 듣기만 해도 멋있고 그를 잘 드러내는 말로 여겨진다. 하지만 내가 나를 어떻게 이름할 것인지, 나는 오랫동안 고민해 보았으나 신통한 생각이 떠오르지 않았다. 품위와 뜻을 염두에 두고, 부르기에도 쉬워야 한다.

이름을 크게 짓고 많이 불러주는 것이야말로 개인의 발전을 위해서 바람직한 일이다. 그런데 조상들의 호를 보면 의외로 겸손한 이름이 많다. 능력보다 큰 호는 제 몸보다 큰 고급 옷을 입는 것과 같다. 일을 할 때는 무명옷이 비단옷보다 만만하여 능률을 더 많이 올릴 것이요, 창공을 나는 노고지리가 화려한 자태의 공작을 부러워하지 않는 이치와 같다. 그리고 능력보다 큰 이름값을 하려고 평생을 종종걸음으로 살아야 한다면 결코 행복한 삶을 살 수는 없을 것이다.

나의 닉네임은 봉황터로 쓰고 있다. 이 닉네임을 듣고 나를 교만하거나 도도한 사람으로 여기는 이들이 있다. 허나 난 결코 봉황이 아니다. 나와 관계하는 이들이 모두

봉(♂)이요, 황(♀)이 되시라는 염원을 담고 있다. 나와 함께 공부하는 사람들이 봉황이 되어야 할 것이요, 나와 비즈니스를 하는 저자나 독자가, 나의 작은 일터에서 성심으로 일해 주는 직원들이 봉황이 되어야 한다는 것이다. 그래서 내 삶은 영화나 영광과는 거리가 멀 수밖에 없다. 이에 따른 고달픔을 즐겨야 한다.

한자를 좋아하는 분들에게는 대봉대待鳳臺로 쓰고 있다. 소쇄원 입구의 대봉대에서 따왔다. 봉황을 기다리는 곳이란 원래의 뜻이 소리로 발원할 때는 '큰 봉들의 대학'이 되어 기분이 좋다.

많은 봉황들에게 내 작은 어깨를 내어놓는다.

결명자

올해도 작은 텃밭에는 풀이 절반이다.

이를 답답하게 여긴 이웃 사람이 제초제를 구해다 주면서 풀을 잡아보라고 권한다. 무성한 풀로 인한 고충은 손바닥만 한 밭이라도 갖고 있는 사람이라면 모두 고개를 끄덕이는 공통된 문제다. 그렇지 않아도 농사로 바쁜 일손을 더 성가시게 하는 잡초이다 보니 빨리 제거하는 게 상책이다. 이 일을 도와줄 약이 독성 강한 제초제다. 일주일에 한 번씩 밭에 드는 내가 무농약 농사를 짓겠다는 의지는 농사를 생업으로 하는 이들에겐 속없는 호기로밖에 보이지 않을 거다. 그래도 농사가 많지 않으니 더디지만 굳은 의지로 무농약을 고수하고 있다.

씨앗을 맺기 전에 예초기로 대충 풀을 베어내도 한 주 뒤에 들르면 또 무성한 풀숲이다. 풀들도 여러 차례 수난을 겪어서인지 아예 키를 낮추어 거의 바닥에 붙은 채로 꽃을 피웠다가 열매가 익을 무렵이면 순식간에 키를 키운다.

시골에서의 여름 생활은 잡초만 없으면 더없이 좋다. 그래서 전원에서 생활하는 이들은 여름 동안 잡초와 전쟁을 한다. 허나 이 전쟁은 제초제란 강력한 무기가 없다면 사람이 지는 싸움이다. 씨앗이나 뿌리를 한 점 남기지 않고 말갛게 땅을 정리해 놓아도 이내 새로운 싹이 올라와 땅을 점령해 버린다.

철 따라 싹을 내미는 풀의 종류가 다르고, 같은 종이라도 한꺼번에 올라오는 게 아니다. 망을 봐가면서 일진이 나와 쓰러지면 이진이, 또 삼진이 시간 간격을 두고, 때론 해를 바꾸어가면서 줄기차게 올라온다. 매번 베어내면서도 여린 풀들이 내뿜는 강렬한 생명력에 감탄한다.

새는 자기 이름을 부르면서 울고, 가녀린 풀은 무리지어 저들의 존재를 알린다. 하나하나의 개체는 비록 연약하지만 종의 입장에서는 쉬이 사라지지 않도록 그렇게 점지 받았나 보다. 평온해 보이는 풀밭이지만, 거기에는 약육강식의 먹이사슬에서 살아남고, 종족을 보존하기 위한 생존전략이 치열하게 펼쳐지고 있다. 잡초 뽑는 일이 미안해지다가도 나 역시 먹이사슬의 한 단계를 차지하는 피조물에 불과하다는 생각에 미치면 마음이 조금은 가벼워진다.

풀밭으로 남겨둘 수밖에 없는 것은 잡초를 제거하려 몸부림을 쳐보지만 일손 부족에 나의 게으름이 더해진 탓이다. 손이 덜 가고도 풀을 잡는 방법을 생각하다가 들깨씨앗을 밭에 뿌리는 게 좋다는 이야기를 들었다. 소나무 아래 잡풀이 자라지 않듯 들깨의 큰 키가 웬만한 풀은 제압할 것이라 한다.

마침 결명자 씨앗을 얻어두고 있던 터라 들깨 대신 심었다. 들깨 못지않게 풀을 이기고도 남을 것 같았다. 노안으로 눈이 쉬이 피로해지는데, 더구나 결명자는 시력을 유지하거나 회복하는 데 좋다고 하니 이보다 더한 안성맞춤이 있으랴. 이랑을 만들고 고랑을 타서 적당한 간격으로 씨앗을 묻었다. 그런데 이곳 산방이 다른 지역보다 봄이 늦게 찾아온다는 점을 감안하더라도 눈을 틔우는 게 얼마나 느린지 애간장이 다 탔다. 그 동안에 빼꼼한 흔적도 없이 바랭이가 고개를 내밀고 있다.

제초제는 아예 거들떠보지 않으려 하지만 가끔은 유혹을 느낀다. 이제는 결명자 싹이 이리저리 고개를 내밀고 있으니 그마저도 선택의 기회를 놓쳤다. 틈나는 대로 바랭이와 일전을 불사르고 있을 때 앞집 분이 다가왔다.

올해도 풀을 키우려는지 묻더니 고구마를 심어보라신다. 평소보다 간격을 훨씬 더 좁혀야 잡초를 이겨낼 수 있단다. 억센 잡초들에게 대항하려면 우선 수에서 열세를 면해야 한다는 지론이었다. 맞는 말이다. 작물이나 잡초도 종이나 유별로 경쟁을 하기도 하고 공생을 도모하기도 하는가 보다. 부추 옆엔 줄기 식물이, 들깨 옆에는 넓은 떡잎 풀이 잘 자라고 있다. 아마 그들 사이에도 내가 모르는 협력과 배척이라는 생존전략이 있나 보다.

그러고 보니 내가 심어둔 결명자가 유독 바랭이 때문에 맥을 추지 못하는 데는 그만한 연유가 있는 셈이다. 우선 떡잎의 종류가 자신과는 다른 바랭이들 세상에서 도저히 버티어낼 재간이 없었으리라. 나중에 솎아내는 한이 있더라도 한 곳에 듬뿍 뿌려야 했었다. 난 결명자가 성장할 것을 고려하여 멀찍멀찍하게 한두 알씩 묻었던 것이다.

내 눈을 이롭게 할 결명자가 바랭이에 나가떨어져서는 안 되겠기에 온갖 정성을 쏟는다. 결명자가 다치지 않도록 주위의 잡초를 뿌리째 뽑고 거름을 주고 물을 준다. 일을 끝내고 집으로 돌아오려니 연약한 결명자들이 바랭이 등살에 어떻게 버틸지 걱정이 앞선다.

제발 바랭이들에게 영양이나 물기를 빼앗기지 말아야 할 텐데. 씩씩한 모습으로 오는 주말에 다시 만나자고 격려의 작별인사를 나누고 막 돌아섰을 때였다.

부는 바람 때문이었을까. 결명자가 바랭이 쪽으로 기울었다. 마치 속삭이듯 서로 몸을 부빈다.

"야 바랭이 친구들, 주인님 가신다. 나눠 먹자."

더불어 사는 게 참삶이라는 결명자의 나지막한 소리가 바람에 끊기다 이어지곤 한다.

가시

술집 여자들은 왜 화장을 짙게 할까? 특히 니나노집 작부들의 입술은 붉은 루즈에 화장도 가히 떡칠이다. 뿐만 아니다. 말은 또 얼마나 거친가. 상스런 욕설을 입에 달고 다닌다. 결코 드러내고 싶지 않은 천한 삶인데도 꼭 티를 내는 이들의 저의는 무엇일까.

십여 년 전 친구 따라 작은 대폿집에 간 적이 있다. 문 앞에서 한참을 기다려 들어갔더니 안에는 탁자 네 개에 손님들이 꽉 차 있었다. 주모는 미리 닭죽으로 속을 풀게

하고 안주와 동동주를 내어 왔다.

"마 됐다. 그만 처먹고 나가봐라."

주모는 적당히 얼굴에 취기가 오른 술꾼들을 쫓아내고는 밖에서 기다리고 있는 사람들을 불러들였다. 그녀의 걸쭉한 화법에 이끌려 몇 차례 더 그 대폿집을 찾은 적이 있다.

욕은 듣고 싶지도, 하고 싶지도 않은 게 인지상정이다. 욕을 먹는 사람도, 욕설을 퍼부은 사람도 상처로부터 온전해질 수 없기는 마찬가지다. 그들 중 어느 편이라도 나와 이해관계에 놓여 있을 때는 그들 못지않게 나에게도 큰 상처가 된다. 나와 무관할 때는 욕설을 해가면서 자신의 의지를 관철시키려는 그들의 설전에 오히려 묘한 호기심이 인다.

음식점을 경영하는 여인들의 욕설이 손님을 끄는 데 한몫을 하고 있는 식당이 더러 있다고 들었지만, 그 주인과 마주하기는 흔치 않다. 나는 욕설을 마구 퍼붓는 사람들을 점잖지 못한 이 사회의 별종쯤으로 치부해 왔다. 그러면서도 난 그들의 여과되지 않은 표현에서 일종의 대리

만족 같은 것을 느끼고 있었다. 거침없이 표현하는 그들이 부러울 때가 있다.

이태 전에는, 순천 벌교로 문학기행을 가 우연히 욕보할머니 집에서 식사를 하게 되었다. 일탈을 꿈꾸며 나선 걸음이었기에 나의 호기심을 채워줄 무언가를 내심 찾고 있던 중의 조우였다. 인격을 짓뭉개려고 하는 욕은 아닐 것이다. 그 공간에 있는 사람들이 함께 웃자고 하는 육두문자라면 어떤 것이라도 즐거이 웃어넘겨야 하리라.

주인 노파는 내의도 겉옷도 모두 빨갛게 차려입고 있었다. 가끔씩 던지는 말 품새로 보면 이미 산전수전을 다 겪은 사람이다. 그러나 말씨가 그렇게 거칠어 보이지 않았다. 음식 맛으로도 이미 신문이나 방송에 널리 알려져 식당 벽에는 방송출연 사진과 연예인을 비롯한 유명인들의 명함이 벽을 도배하고 있었다.

이 식당에 들어온 사람들 중에는 남도의 별미보다 안주인의 원색적인 육두문자에 관심을 가진 이들이 많으리라. 사람들의 시선은 늘 할머니를 따라다닌다.

"씨파, 왜 십 명이나 왔어! 네 명만 오지!"

준비해둔 밥이 모자라 우리보다 한참이나 나중에 온 네 명에게 먼저 음식을 대접할 수밖에 없다는 부연설명을 했다. 우리는 물론 식사를 하고 있던 이들이 기다렸다는 듯 "ㅆㅍ, 왜 씹 명이나 왔어!"하며 몇 차례나 따라하며 그녀를 부추겼지만 그녀는 이내 말문을 닫았다. 일을 도와주는 젊은 아낙이 며느리라고 했다.

그녀는 바닷사람들을 상대로 음식장사를 하며 어린 자식들을 건사했다. 그녀의 얼굴에서는 아직도 간간이 파도가 일렁이고 있다. 긴 세월 동안 청상이 홀로 넘기에는 너무나 거세고 높은 파도였으리라. 입고 있는 새빨간 옷이 아니라도 젊은 시절 남자들의 시선을 끌기에 충분할 정도로 아름다운 얼굴과 몸매였다. 여자에게 있어 미모는 살아가는 데 가장 확실한 밑천일 수도 있지만 눈에 띄는 표적이 되기도 한다. 양자 사이에서의 줄타기가 결코 쉬운 일은 아니었을 것이다.

나는 그 노파의 지나온 40년을 그려보았다. 부끄러워 얼굴도 제대로 들지 못하는 새댁의 얼굴 윤곽이 잡혔다. 그녀의 처지를 동정해주는 사람들도 많이 있었을 것이다.

그렇지만 뭇 사내들이 젊은 그녀를 그냥 둘 리는 없었을 터. 세상 밖으로 나뒹굴어진 그녀로서는 그 남정네들이 자신들의 목숨줄을 연명해 주는 생활터전이었으니 그녀는 울고 또 울었을 것이다.

맨정신으로는 사람들을 바로 볼 수 없어 짙은 화장으로 얼굴을 가렸으리라. 장사에 이력이 붙으면서 더 짙은 화장으로 얼굴을 가렸지만 사람들은 작부로 길들여져 간다고 손가락질을 했을지도 모른다. 화장은 작은 가시가 되어, 얼굴을 부비고 추근대며 가까이 다가오는 남정네들을 물리쳤다.

그래도 적극적으로 다가오는 사내들에게는 거친 입심을 통하여 온몸으로 저항했다. 진한 화장과 육두문자의 도가 더해갈수록 이웃들은 수순대로 무너져 내린다고 이맛살을 찌푸리지 않았을까.

그녀는 자신의 소중한 것들을 지키기 위해 스스로 가시를 더욱 단단히 세워야 했다. 사람들은 이쁜 장미가 가시를 세웠다고 탓했을 것이다. 가시는 창이 아니다. 무례하게 덤비는 자들에게는 상처를 주지만 가만 있는 자들에게는 어떤 위협도 되지 않는다.

그렇다고 그녀는 자신을 장미에 비유할 만큼 우쭐대지는 않았다. 볼품없고, 먹음직스럽지도 못한 성게 정도에 불과하다 할지라도 그녀는 목숨 걸고 가시를 세움으로써 온전히 자신의 삶을 지켜냈다.

찔릴 것을 각오하고서라도 덤벼드는 부나비들이 사라져서인지, 그녀의 가시는 이제 더 이상 가시가 아니었다. 봄바람에 철지난 억새 날리듯, 그녀의 얼굴에서 가시 하나 떨어지고 있었다.

마술의 경계

출장 중 현금이 필요했다. 가까운 은행의 현금지급기에 카드를 넣었더니 '사용할 수 없는 카드'라는 메시지가 나왔다. 어제까지도 멀쩡하게 사용하던 카드다. 기계에 이상이 있나 싶어, 옆에 있는 몇 개의 기기에 넣어도 똑같은 반응이다. 낭패다. 곰곰이 생각해 보니 호주머니의 마술용품 때문인 것 같다. 며칠 전 한 통의 이메일을 받고 구입한 것을 지갑과 함께 넣어두어서 문제를 일으킨 모양이다.

어렸을 때 난 마술 구경에 매료되어 있었다. 그때는 어떤 경로로, 무엇 때문인지는 모르지만 학교에서도 마술 공연을 자주 접했다. 또 마을에 오는 서커스단이나 장날마다 찾아오는 약장사들에게도 마술사는 수라상 간장종지처럼 빠지는 법이 없었다. 예나 지금이나 사람을 모으고 마음을 사로잡는 데는 마술사를 따라갈 이가 없는 것 같다.

제기 만드는 인찰지를 길게 찢어 주전자에 넣고는 따뜻한 물을 부으면 이내 국수가 되어 나오기도 하고, 호주머니에서 꺼낸 손수건에서도 잠시 순간에 비둘기가 날개를 퍼덕이며 나오곤 하는 것을 자주 지켜보았다. 사람들은 무슨 술수를 쓴다며 믿지 않았지만 나는 우리가 알 수 없는 어떤 비법이 있을 거라며 굳게 믿었다. 아니라고 부정하는 것보다 그렇다고 믿는 편이 한결 마음이 편하기도 했다. 그것은 신비에 대한 나의 전적인 믿음 때문이었으리라. 만약 그때 어떤 마술사가 나에게 마술을 가르쳐준다고 했으면 난 그를 따라 선뜻 집을 나섰을지도 모른다.

나의 마술 실패담으로 돌아간다.

내가 구입한 용품은 백원짜리 주화의 한 면과 테두리 원만을 남겨두고 모두 깎여 마치 병뚜껑이나 단추뚜껑과 같다. 그 안쪽 벽면에 얇은 쇠붙이가 붙여져 있다. 그것으로 십원짜리 동전을 덮어둔다. 백원짜리 주화로 보일 수 밖에 없다. 미리 얇은 자석을 끼워 넣은 명함용 수첩으로 그 위를 살짝 스치고 지나가면 백원짜리 주화의 겉면은 수첩에 올라붙고, 십원짜리 동전만 남게 된다.

지난 연말 난 친구들과의 송년 모임에서 가장 인기 있는 사람 중의 하나가 될 수 있다는 기대에 부풀어 있었다. 부족한 연습 탓인지 사람들의 의구심에 내가 자신이 없었던 탓인지 난 제대로 마술을 보여주지 못했다. 매번 그 트릭을 설명하는 것은 참으로 따분한 일이어서 나의 마술공연은 이내 끝나버렸다.

원리를 지식적으로 이해하는 것과 실연은 별개의 문제였다.

내가 한 가지의 기능을 재주로 믿은 데에서 실패의 원인을 찾을 수 있었다. 마술에 관한 정보나 지식을 풍부하게 얻은 연후에 적절한 스토리를 개발하고 완벽하게 행할 수 있을 때까지 맹연습을 했어야 했다.

나의 마술 보여주기는 백원짜리 주화가 어떻게 십원짜리 동전으로 바뀌느냐 하는 진위의 문제도 아니요, 원리를 설명하는 자리는 더더욱 아니었다. 나는 그 마술의 원리를 알리고 이해시키려는 사람이 아니라, 한 사람의 공연자로서 마술 그 자체로 청중을 감동시켜야 했음에도 사족에 불과한 해설이나 해명에 우쭐했는지도 모른다.

그리고 스스로의 공연을 즐기고 다른 사람의 공연도 많이 보아야 했으리라. 나비넥타이를 맨다거나 콧수염이라도 붙이는 등 무엇보다도 나 자신이 먼저 마술사로 변신할 수 있어야 했다. 이러한 자세나 마음가짐은 마술사로서의 치열한 장인정신이기도 하지만 청중에 대한 예의이기도 하다.

누구나 할 수 있는 일이지만 아무나 하지 못한다는 것을 마술의 세계에서 깨달았다. 이 점에서 글쓰기는 마술과 흡사하다. 글 밖에서는 어떤 보충적 표현이나 사족도 필요치 않다. 오로지 글로써 말해야 한다.

등단이라는 관문을 통과한 작가는 이미 마술의 경계

안쪽에서 초월적이고도 신성한 권위를 통해 문학적 정통성을 부여받았다고 할 수 있다. 하지만 컴퓨터와 인터넷의 등장으로 그 경계는 전가傳家의 보도寶刀 기능을 상실한 지 오래이다.

마술의 경계 저 너머에서 나의 글이 빛나지 않는 연유를 이제야 알 것 같다.

맛과 멋 사이

일요일 해질녘 삼백 리 밖 친구로부터 전화를 받았다. 지금 출발할 테니 꼼짝 말고 그 자리에 있으란다. 그는 독실한 기독교 신자이다. 100년 넘은 한옥교회인 자천교회에 한 번 더 가고 싶은가 보다 생각하면서 그러마고 했다. 그런데 그는 전에 함께 가본 적이 있는 인근 매운탕집에서 만나자며 전화를 끊었다.

지난여름 친구들과 이곳 산방에 놀러왔을 때 그는 내심 그 매운탕집을 염두에 두고 있었나 보다. 내가 집에서

고기나 구워먹자며 시간을 지체하는 바람에 그 식당에 가지 못했다. 당시 친구의 얼굴에는 아쉬움이 역력했다. 그는 미식가다. 능히 좋은 음식, 맛있는 음식이라면 전국 어디든 찾아가서 시식을 하고야 마는 친구 중의 하나다.

사위가 캄캄하게 어둠에 드는 이 시간에 성능 좋은 자동차로도 두 시간이 넘게 걸리는 이곳까지 매운탕 한 그릇 먹자고 오겠단다. 며칠 후면 우리는 부부 모임에서 만나기로 되어 있으니 날 보고 싶어 오는 것은 분명 아닐 것이다.

개신교를 포함하여 4대보험에 들고 있다는 나에게 그는 주저없이 예수 믿어 천국에 함께 가자는 소리를 자주 한다. 자신의 생각을 거침없이 표현하는 그가 부럽다.

살면서 내 생각을 명쾌하게 주장하거나 표현해 본 적이 몇 번이나 될까. 내색을 않는다는 표현이 맞을 것 같다. 좋게 말해서 나와 다른 남을 수용하거나 배려하려 용을 쓴다. 이해가 부딪혀도 면전에서는 솔직히 서운하다는 표현을 못 한다. 돌아서서는 두고두고 마음앓이를 하면서도 말이다. 때론 '노'를 못하여 이러지도 저러지도 못하는 나 자신에게 화가 나서 어쩔 줄 모를 때가 비일비재하다.

이는 남을 위한 배려이라기보다 나의 건재를 과시하려는 배불뚝이 복어처럼 좀 멋있어 보이려는 허세다. 이런 내 모습이 상대의 눈에는 금방 드러날 것이란 생각에 미치면 내 속에서는 분노가 인다. 내 안에서 상처가 고개를 들기 시작하면 그것은 더 이상 멋이 될 수 없다.

친구가 술 한잔 하자고 제의해도 나는 선뜻 따라나서지 못한다. 세상 일 나 혼자서 하는 게 아닌데도, 못다 한 일들이 나의 발목을 잡는다. 적을 만들지는 않는다 할지라도, 친구를 잃는 데는 남의 청을 들어줄 줄 모르고, 경우에 따라서는 매달릴 줄도 모르는 나의 아망스러움이 한몫을 할 것이다. 남의 일도 자신의 일처럼 팔 걷어붙이고 제 돈 들여 이리 뛰고 저리 뛰는 사람을 보면 존경스럽다. 나도 언제 그런 사람이 되어 볼까 부러울 뿐이다.

내가 넓지 않은 인맥의 소인인 줄 모르는 지인들은 가끔 나에게 청탁의 다리를 놓아주도록 부탁을 한다. 내 자식의 문제도 남에게 부탁하지 못하는 나의 주변머리로 남의 청탁에 다리를 놓는 일이나, 이를 거절하는 일은 어렵고도 어려운 난제이다.

서운하다, 미안하다는 표현을 잘 못하는 나는 고맙다는 표현에도 참 인색하다. 쓰거든 뱉지나 말아야 하거늘, 누군가 나를 맛본다면 바로 이런 맛은 아닐까. 시쳇말로 밥맛이라도 되었으면 좋겠다.

맛을 알고, 맛을 좇는 사람을 보면 부럽다. 그런 사람은 십중팔구 맛있는 사람이며, 멋있는 사람이다. 멋있는 사람을 보면 나도 덩달아 멋있는 사람이 되고 싶다. 일거수일투족을 지켜보면서 그의 어린 시절이나 향후의 어떤 점이 나와 닮을까를 점쳐본다.

맛과 멋! 같은 어원에서 출발했을지도 모르지만 반대어는 아니다. 맛에는 표준화된 레시피가 있다. 균형과 조화가 맛의 관건이다. 그런데 멋은 오히려 표준에서 일탈하는 파격에서 나온다. 그래서 맛과 멋은 이란성 쌍둥이라 하겠다.

최근에 와서 깨달았다, 맛은 멋으로 가는 작은 계단이라는 것을. 파격은 표준과 균형을 소화해 내는 데서 나온다. 내가 아무리 멋을 부리려 해도 결국 인간미를 소화해

내지 못한다면 내가 시도한 일탈은 궤도이탈이 되고 말 것이다.

맛조차 제대로 모르는 내가 멋을 좇는 일은 불가능할지도 모른다. 멋 부리려다가 맛조차 잃어버리지 않을까 싶다. 어제 같은 오늘의 연속이지만, 여전히 나는 맛과 멋 사이에서 헤매고 있다.

꿈도 꾸지 못했다

현실을 반영해서 꿈이런가? 현실과 동떨어져서 꿈인가?

"엄마한테 빨리 데려다 주세요."

아이는 칭얼거리며 그러나 단호하게 말했다. 급한 김에 나는 등을 내밀어 아이를 업고 아내에게로 뛰었다. 손닿을 듯한 거리의 아내였지만 걸음은 왜 그리도 떨어지지 않던지. 다가갈수록 더 멀어지는 것 같았다. 발걸음은 조금도 나아가지 않고. 돌부리에 채였는지 앞으로 고꾸라지면서 잠이 깼다.

너무도 선명했다.

아이의 얼굴은 보지 못했지만, 어린아이는 근심거리란 말이 있지 않은가. 해외연수에서 돌아오는 아들이 내일 비행기를 타기로 되어 있었다. 지금 WHO는 신종 인플루엔자 때문에 최고위 단계의 경보발령을 눈앞에 두고 있고, 어제께는 에어 프랑스기가 이유도 모르는 채 추락했다.

잠이 확 달아났다. 불안한 마음으로 휴대폰을 뒤적이니 0시 34분 무렵 문자 메시지가 들어와 있었다. 시험결과는 며칠 있어야 알 수 있으며 체크아웃 준비를 잘 하고 있다는 내용이었다. 전화로 주의하라고 당부하기에는 방정맞은 생각이 들어 뜬눈으로 밤을 새워야 했다.

이튿날 역시 안절부절못하면서 오전 수업은 간신히 끝냈지만 오후 내내 좌불안석이 되어 견딜 수가 없었다. 짐을 챙겨 밭에 나갔다. 마음이 어수선할 때는 몸을 괴롭히는 것이 탈출의 한 방편이 되리라 생각했다. 누구한테 털어놓을 수도 없고 아들의 안위만을 생각하면서 근신하는 마음으로 조심조심 살얼음을 디뎠다. 어둠살이 짙어지고서야 연장을 거두다가 밭둑에서 발을 헛디디고 말았다.

아픈 줄 몰랐는데 집에 돌아와 보니 발이 꽤나 많이 부어 있었다. 이튿날 병원에 갔더니 뼈에 금이 가서 깁스를 했다.

저녁 무렵 인천공항에 무사히 도착했다는 아들의 전화를 받고서야 나도 모르게 '하느님 감사합니다.'란 말이 튀어나왔다.

안도의 순간, 아내에게 꿈 이야기를 털어놓았다.

"아휴, 잘 다치셨어요. 당신이 다쳐 그나마 다행입니다."

꿈땜 잘 했다는 아내의 말이 서운하게 들리지 않는 게 놀라웠다.

예나 지금이나 난 아내에게 1순위의 지아비다.

그런데,

그 위에 우선순위 0번의 아들이 있다는 생각은 꿈도 꾸지 못했다.

눈물

불행한 사람의 전유물로 여기기 쉬운 것이 눈물이지만, 눈물을 흘릴 수 있는 사람은 행복하다. 그런 눈물을 나는 한때 아끼려고만 했다.

눈물로 치유되지 않을 슬픔은 없다. 고름 같은 눈물 한 바가지면 고치지 못할 병이 없다. 어떤 슬픔도 질병도 녹일 수 있는 것은 눈물 속에 담긴 진실 때문이다. 그래서 예부터 진실을 가장한 눈물에 대한 경구가 많았나 보다. 키케로는 눈물만큼 빨리 마르는 것은 없다고 했으며, 도

스토예프스키도 여자의 눈물에 속지 말라고 했다.

눈물은 억제할 수 없는 슬픔이나 기쁨의 통로가 되기도 한다. 자신과는 무관한 남의 불행이나 고통에 대하여 아픔을 느끼는 한 방울의 눈물이야말로 반짝이는 보석이 아닐까. 아무리 큰 아픔이라도 함께 울어줄 사람이 있다면 이겨내기가 한결 쉬우리라.

나의 경우 눈물은 낯가림이 심하다. 눈물을 보일 자리가 아닌데도 염치없이 눈물을 속 빼는가 하면, 정작 울어야 할 자리에서는 눈물이 씨가 말라 난감했을 때가 한두 번이 아니다.

작은 바람 앞에서도 자주 훔치던 눈물이건만, 슬픈 장소에 나가도 눈물이 나지 않을 때가 많아졌다. 친구가 어린 가족을 남겨둔 채 돌아올 수 없는 길을 떠났다. 역지사지, 땅을 쳐도 시원찮을 이 자리에서 도시 나의 눈물샘은 작동을 멈추어버렸다. 영정 속 친구의 시선이 따갑게 와 닿아, 짧은 조문의 시간이 악몽처럼 길게 느껴진 적이 있다.

눈물로 답해야 할 자리에서 눈물이 나오지 않다니…….

상대를 설득하는 데는 천 마디의 말보다 눈물이 더 효

과적이다. 눈물 한 종지면 태산같이 꿈쩍하지 않는 상대를 돌려 앉힐 수 있고, 가는 임의 걸음도 되돌리게 할 수 있다. 기도로 듣지 않는 천국의 문도 눈물로는 열 수 있다는데 나에게서 눈물이 사라지고 있다.

한줌의 재로 돌아간 친구의 유골을 수습하여 납골당으로 향했다. 상제들과 실내계단을 밟아 올라가면서 생각했다. 나의 눈물이 망자에게는 이승에서의 가장 큰 부조가 되리라. 애써 슬픔을 표시하고 싶었다. 그러나 그저 담담하기만 했다. 그러던 내가 어느 조화 항아리에 꽂힌,

"엄마 사랑해요!"

라는 어미 잃은 아이의 쪽지를 보는 순간 눈물이 왈칵 쏟아지고 말았다.

몸은 정직하다

벌써 가을이다, 내 몸도. 그 보송보송하던 촉감은 다 어디로 갔을까. 푸석푸석하다. 몸에서는 은비늘이 일기 시작한다.

노랗게 물든 은행잎이 쌓이는 것을 보지 않아도 가을이 깊어가고 있다는 것을 코는 안다. 어제와 오늘의 공기가 다르지 않건만, 나의 코는 용하게도 계절의 변화 앞에서 몸살을 한다. 두어 주는 좋이 간다. 겨울이 되면 행동반경은 물론 식사량도 함께 줄여야 하리라.

어렵사리 겨울에 잘 적응하였다가도 이듬해 봄이 오면 코는 또 한 차례 몸살을 앓는다. 그리고는 수액이 돌듯 내 몸도 유연해지기 시작한다. 내 몸에서 코는 계절을 알리는 나팔수라 해도 좋을 듯하다.

코만 정확한 게 아니다. 몸에 부대끼는 일을 한 날이면 좋아하는 연속극 하나도 제대로 보지 못하고 텔레비전을 켜놓은 채로 잠들어버린다. 과로가 며칠 겹치면 나의 몸은 지체없이 감기나 몸살로 경고를 보내온다. 몸은 참으로 정교하여 어떤 첨단과학으로도 흉내를 낼 수 없다. 그리고 기특하게도 때로는 융통성을 부려 적당히 봐주기도 하고, 특별히 수선을 하지 않아도 시간이 지나면 원상 복구된다.

친구 몇을 소개하는 것으로 지면을 채우련다.

발, 일백이십 근이나 되는 육중한 체구를 지탱하거나 운반해야 하는 중노동을 하고 있다. 그렇다고 대우가 나은 것은 아니다. 치장이래야 벙어리 양말 한 짝이 고작이다. 물이 부족한 곳에서는 얼굴이나 손이 우선이고 남들이 다 씻고 다녀간 후에야 순서가 돌아온다. 그저 위안이라면 이때 손의 시중을 받을 뿐이라는 것이다.

무지랭이 같은 발도 반란을 일으킬 수 있다는 것과 그의 상전은 발가락들이라는 사실을 몇 년 전에야 알았다. 그 후로 하루의 피로를 누일 때쯤 수고한 친구들에게 안부를 묻는다. 엄지에서부터 새끼발가락까지 하나하나 이름을 불러주고 열 녀석에게 고마움의 악수를 청한다. 이 녀석들은 따뜻한 물과 아로마 향의 촉감 좋은 비누를 매우 좋아한다.

머리, 모습을 드러내지 않는 지휘관을 호위하고 있다. 덕분에 그는 아예 우두머리 행세를 한다. 가장 전망 좋은 곳에서 힘들이지 않고 세상 구경 다 하고 있다. 특과 중의 특과다. 사령부랍시고, 힘들고 궂은일은 다 남에게 미룬다. 그러면서도 공치사는 가로채는 조금은 얌체처럼 상전 노릇을 한다.

그런 그도 내가 아침마다 아는 체를 하지 않으면 반란을 일으킨다. 바쁘다고 비눗물 대충 덮어씌우고 물로 헹궈내면, 매끈한 바닥에 소똥을 뿌리기 일쑤다. 매너가 좋지 않은 편이다. 이건 숫제 머리감기가 아니라 마사지이다. 남들보다 편한 자리에 있어도 대접이 소홀하다 싶으면 언제고 꼭 티를 낸다.

이 외에도 내 몸에는 평소에 안부를 물어주어야 할 친구들이 많다. 보이지 않는 곳에서 제 몸이 망가지도록 맡은 일에만 몰두하는 우직한 친구들이다. 정작 결정적으로 중요한 일을 하는 친구들은 죄다 남의 눈에 띄지 않는 곳에서 묵묵히 일만 하고 있다. 특히 심장이 그러하고 간이 또 그러하다. 한 번도 쉬어 본 적이 없으리라. 하루에 백 번을 격려하고 위로해주어도 지나치지는 않을 텐데 그 고마움을 잊고 사는 게 나란 사람이다.

내가 잘나 삶이 온전히 굴러가고 있는 줄 알았다. 돌이켜보니 내 삶의 주인공들은 신세를 지고 있는 수많은 친구들이다. 나이 들면 온몸이 종합병원이라더니, 어제까지 멀쩡하던 친구들이 약속이나 한 듯 하나씩 불편을 호소해 온다. 심사가 편치 않다.

그러다 보니 요즘은 몸의 소리에 더러 귀를 기울이는 편이다. 노래방에 휩쓸려 들어갔을 때였다. 이 나이가 되도록 나의 노래가 없다. 주장도 목표도 뚜렷하지 않은, 어쭙잖은 내 삶의 모습이 적나라하게 드러나는 순간이다. 열정과 신명, 자신감으로 넘쳐나는 삶의 현장에서 나는 눈치를 살펴야 하는 이방인이 된다.

난 박치이다. 박자를 맞추느라 모니터에서 눈을 뗄 줄 모른다. 정신을 집중하는데도 반 박자 정도를 놓치기 일쑤다. 그래서 남들 다 좋아하는 노래방 출입이 나에겐 선뜻 내키지 않는 일 중의 하나다.

오늘은 가사 무시, 박자 무시!

'사랑이 메아리칠 때'를 불렀다. 모니터를 의식하지 말아야지. 노래는 아직 1절도 채 끝나지 않았는데 간주는 막바지를 치닫고 있다. 잠시 숨을 고르고 아슬아슬하게 2절에 승차한다. 내 삶도 돌이켜보면 늘 이렇다. 제대로 갖추어 살려면 숨이 턱까지 찬다.

반주기는 마침표를 선언했지만 여전히 나의 노래는 끝나지 않았다. 그런데, 100점, 팡파레가 울려 퍼진다. '몸이 시키는 대로'의 쾌거였다.

몸이 하는 말에 귀 기울여야 하나 보다.

세월에 가두어진 섬, 진골목

내 집 마련의 기쁨을 문패 거는 것으로 시작했던 때가 엊그제 같다. 옻칠 위에 자개로 새겨진 빛나는 글씨만으로도 행인들은 집주인의 지체를 알 수 있었다. 그 집 담장 위 쇠창살이나, 철조망, 병조각으로도 충분히 방범효과를 보았던 시절이었다.

이름 석 자 걸 데가 없는 아파트 생활자는 물론 대저택을 가진 이들도 요즘은 아예 문패를 걸지 않는다. 드러내지 않으려는 겸손에서라기보다는 번잡한 세상과 담을 쌓으려는 의도다. 오늘의 사생활보호라는 미명의 핑계와 맞닿아 있기 때문이리라.

외지에서 찾아오는 이들이 있으면 난 자주 그들을 진골목으로 안내한다. 우리가 일상으로 사용하는 사투리에서 유래한 이 이름이 '긴 골목'이라는 표준어보다 훨씬 정감이 나서 좋다. 약전골목에서 종로로 들어서면 오른쪽으로 난 사잇길을 만나게 된다. 여기서부터 경상감영공원까지 이어지는 길이 진골목이다. 구한말 또는 50년대의 골목 풍경인 돌담이나 붉은 벽돌담이 그대로 남아 있다.

아직도 집 안과 바깥을 소통시켜 주는 노란 나무 대문이 버티고 있는 모습을 보노라면 어느새 마음은 고향에 온 듯 푸근해진다. 대문채 정중앙에 까만 페인트칠을 뒤집어쓴 문패가 그 집의 문양처럼 버티고 있다. 자세히 들여다보면 '電話 二七六番'이란 글씨가 선명하다. 이름 석 자보다 더 자랑스럽게 걸었던 전화번호다. 처음 이 문패를 보았을 때 웃음이 절로 나왔다. 최근에서야 난 역시 속물이구나 싶어 얼굴을 붉히지 않을 수 없었다. 전화번호부가 없었던 시절 남을 위한 집주인의 배려란 사실을 왜

진작 읽지 못했을까.

돌담길을 돌아서면 '진골목식당' 간판이 우리의 식욕을 부추긴다. 이 식당은 코오롱을 창업한 이원만 회장이 서병원으로부터 1933년 매입하여 살았던 집의 본채이다. 육개장과 육국수, 호박전으로 유명하다. 대구에서 한때는 '내로라' 하는 유지들로 언제나 북적인다. 내가 이 집을 즐겨 찾는 연유는 음식맛도 일품이지만, 식사 전후에 담소하며 골목길을 걷는 동안의 깨소금 같은 시간이 좋아서이다. 외지인들을 위한 식사 대접은 핑계이고, 이 길을 걷는 동안 난 적어도 칠팔십 년은 거슬러 올라가보는 시간 여행을 즐긴다.

식당 초입에서는 1937년 지어진 대구 최초의 2층 양옥인 정소아과 간판이 보인다. 1947년 이 건물을 매입하여 소아과를 개원한 정필수 원장은 구십을 바라보는 나이지만 건물의 원형을 유지한 채 60년 동안 이곳에서 아직도 진료를 계속하고 있는 진골목의 인간문화재로 불리는 분이다.

종로2가에 자리한 미도다방은 대구 사회를 움직여왔던

지식인들이 즐겨 찾는, 빼놓을 수 없는 자랑거리이다. 어르신들로부터 '정 여사'로 불리는 마담 정인숙 씨는 처음에는 중앙파출소 옆 화방 골목에서 다방을 개업했다. 노인들에게는 커피값을 할인해 줄 뿐만 아니라 부모처럼 살갑게 시중을 든다. 노인들이 육교를 건너오는 것을 마음 아파했던 그녀는 다방을 진골목 입구로 옮김으로써 종로 2가를 명실상부한 실버의 거리로 만들었다.

대구문인협회장을 지내기도 한 목인 전상렬 시인은 타계 직전 신문에 '미도다방'이란 시를 발표했다. 그의 시구절처럼 '가버린 시간은 돌아오지 않아도 추억은 가슴에 훈장을 달아준다. 가슴에 훈장을 단 노인들이 저마다의 보따리를 풀어놓고 차 한잔 값의 추억을 팔며 …… 한 시대의 시간벌이를 하고 있'는 곳이 미도다방이다.

진골목에 들어서면 절로 한 번쯤은 나라 걱정을 하게 된다. 나라가 바람 앞의 등불처럼 어려움에 처했을 때 서상돈이 국채보상운동을 발기하였으며, 진골목 서씨 집안의 부녀자들도 이에 뒤질세라 노블리스 오블리제를 실천함으로써 종로의 기생들까지 나서서 은가락지, 은장도, 은비녀 등의 패물을 내놓게 만들었다. 이 일은 남일동패물폐지부인회의 발족으로 이어졌으며 전국적으로 여성들도 국채보상운동에 동참하게 한 계기가 되었다.

진골목은 몰락한 왕도의 흔적이 아니면서도 높은 빌딩과 화려한 조명을 외면한 채 역사와 세월에 갇혀 외로운 섬으로 남아 있다. 발에 밟히는 블록 한 장, 골목길 굽이마다 우리의 아픈 근대사가 현재와 묘하게 공존하고 있다. 체스터턴은 '세상에는 섬처럼 완전히 시적인 것도 없다'고 갈파했다. 인걸은 갔지만 그들을 반추하는 은발의 인텔리들은 스스로 섬이 되어 망망대해를 지키고 있다.

추억의 훈장이 녹슬지 않도록 이야기의 꽃을 피워내는 그들의 거리는 언제나 신선하다.

봄

봄은 보는 데서부터 시작된다.

강물은 서로 몸을 섞으며 나와 보폭을 맞추고 있다. 지상에선 아직 대궁이를 눕히지 않은 갈대 숲 속의 새들이 낯선 내방자를 경계하는지 분주하다. 뿐만 아니다. 땅 속에서도 생명을 길어 나르는 소리가 들린다. 그 활발한 움직임으로 땅은 잔뜩 부풀리어 나의 발은 카스테라를 밟고 서 있는 듯하다. 발끝에 닿은 폭신한 감촉이 나의 오체를 흔들고 있다.

한 무리의 물새들이 일제히 물 위에 앉아서는 유유히 물을 거슬러 오른다. 좀이 다른 어떤 무리는 줄을 맞추어 날면서 한 놈씩 물에 발을 가볍게 담갔다가 다시 날아오르는 묘기를 펼친다. 그들은 어떻게 의사를 소통하고 있을까. 우리가 느끼기엔 단순히 신호에 지나지 않는 그 소리를 통하여 그들은 서로 짝을 찾고 사랑하고 공동생활을 영위한다.

버드나무 밑둥치에서는 마른 가지 끝까지 생명을 길어 올리려는 '영차영차' 소리가 들린다. 강을 건너와 안착하여 물기를 거부하던 민들레 홀씨도 이제는 물을 찾아 촉수를 더듬는다. 태양 아래 드러나 있는 모든 것들은 병정들처럼 일사불란하다.

서로 다른 음색 음량으로 혼신의 힘을 쏟는 소리가 나의 귀를 당긴다. 교향악으로 들린다. 소크라테스의 아버지가 돌 속에서 포효하는 사자를 꺼내 걸작의 조각을 탄생시켰듯이 비발디도 이 자리에 있었다면 만물이 잠 깨는 모습을 악보로 옮겼으리라. 입춘 비는 깊은 잠으로부터의 마술을 걷어내는 주문과도 같다. 모두가 잠에서 기지개를 켜고 있다.

피타고라스학파 사람들은 인류 최초의 음악가인 오르페우스를 신봉하였다고 한다. 피타고라스는 이 세상에 변함없는 근원적인 아르케를 수라고 주장했다. 피타고라스 정리가 그러하듯, 그는 모든 사물이 갖는 고유한 수와의 관계, 즉 비례에 따른 거리를 통하여 세상을 읽고 해석하려 했다. 거리에 가장 민감한 것은 음악이다. 그들은 현악기에서 현의 길이와 음의 비례 관계를 밝혀내기도 했다. 그래서 피타고라스는 밤하늘 수많은 별자리를 보면서 교향악을 느낄 수 있었나 보다.

세상에 존재하는 것들 사이에는 거리가 있다. 그 아름다운 거리가 있어 존재들은 빛이 나는지도 모른다. 피타고라스가 봄이 오는 이 길목에 서 있다면 새와 새들 간의 거리, 새와 수면과의 거리 유지에서 어떤 음악을 느낄 수 있을까.

거리의 조정과 파악에 미숙한 나는 세상과의 소통에 내홍을 많이 앓는다. 그런 내가 노래에 자신이 없는 것은 당연한 일인지도 모른다. 친구나 가족의 마음은 물론 나

자신조차도 '미'인지 '파'인지 높낮이를 구별할 수 없다. 거기에다 박자의 문제까지 오면 나의 실수나 상처는 이미 예정된 수순일 수도 있다.

생각건대 나의 목소리 자체에 무슨 문제가 있는 것은 아닌 것 같다. 웬만한 고음이나 저음의 소화에는 지장이 없다. 단지 박자를 맞출 수가 없다. 내가 노래를 잘 부르지 못하는 원인은 하드웨어적인 구조의 문제라기보다는 소프트웨어적인 것이라 할 수 있다. 반박이나 사분의 일박, 또는 두 박자의 길이를 도저히 가늠할 수 없다. 안다는 것과 행하는 것의 어려움이 노래 부르기에서는 아예 불가능으로 고정되어 버린다.

겨울이 저만치 뒷걸음치고 있다. 나의 시선 닿는 곳은 온통 볼거리이다. 봄은 그냥 봄이 아닌가 보다. 나날이 산책길에서 만나던 갈대도 어제의 갈대가 아니다. 갈대는 봄비를 머금은 채 새순을 위해 아주 부드럽게 몸을 눕힐 것이다.

봄이 와도 눈 뜨지 못하는 자들을 위해 조물주는 머잖아 몇 차례 꽃 잔치를 열 것이다. 우리가 보아야 할 것이

어찌 눈에 보이는 것만이겠는가. 그리고 눈으로 보는 것만이 전부라 하겠는가.

물가에 놀던 새들이 물 위를 힘차게 차오른다. 그들은 한 마리가 부르는 노래에 맞추어 종이비행기처럼 가볍게 물 위를 곡예한다. 바로 옆 동료의 날갯짓 또한 음악이리라. 높고 낮음을 볼 수 있기에 그들은 정확한 거리를 유지하면서 대오를 맞출 수 있을 것이다.

많고 많은 말이 굴레로 다가온다.

세상에는 보아도 보이지 않는 게 있듯이, 들어도 들리지 않는 것도 있다. 해마다 봄이 오건만, 나는 보는 데는 여전히 미숙하다. 눈에 의존해서 간신히 세상을 보고 있다. 눈 아닌 귀로도 볼 수 있는 날은 언제가 되려나.

제 2 부

덤

선이 보이지 않는 점의 연속이듯, 삶은 덤의 연속이다.

눈 뜨면 우리를 기다리고 있는 밝은 하루, 역시 덤이다. 자궁에 착상도 해보지 못한 한날한시의 동료가 이미 수억에 이른다. 그뿐인가. 태중에서 유산이 되기도 하고, 호적부의 잉크가 마르기도 전에 유명을 달리한 이가 부지기수이다. 고고의 성을 발하여 이 세상에 와서 제힘으로 생을 이어갈 힘을 갖추었다고 하더라도 조물주가 혹은 하느님이 일단 '너 좀 와야겠어.' 하면 아무리 바쁜 일이 있고,

남겨둔 필생의 사업이 있다 할지라도 미련 없이 응해야 하는 것이 생명 가진 것들의 피할 수 없는 운명이다.

기억 이전의 사실이긴 하지만, 우선 이 세상에 오도록 점지 받은 것은 — 부모를 왕후장상으로 혹은 갑남을녀로 할 것인가. 그리고 아들로 혹은 딸로 태어날 것인가는 물론 — 그 자체는 우리의 의지로 선택한 게 아닐 것이다.

심장의 동·정맥이 뒤바뀌거나 판막이 비정상인 상태로 태어나는 아이가 있다고 듣는다. 조물주가 그 많고 많은 생명을 창조하는 데 표준이라는 가이드라인을 얼마나 중시하겠는가. 선천성이란 관형어가 따라붙는 예외의 경우를 보노라면, 태어날 때 이 가이드라인 안에 들었다는 사실 하나도 엄청난 덤의 덕분이다.

덤을 허락할 것인가, 거두어들일 것인가가 조물주만의 고유한 행사는 아니다. 우리의 발자국, 우리의 손길에서 목숨이 거두어져 버린 생명이 어디 한둘이랴. 적과라는 이름으로 도중하차를 당해야 했던 미숙과가 있고, 구조조정이란 미명으로 직장을 잃은 가장도 있다. 잡초라는 이름으로 뽑혀나간 많은 풀들의 운명은 또 어쩌랴. 우리가 사고를 당했다고 해서 조물주에게 억울함을 따질 수 없듯이, 그 희생 또한 하소연할 데가 없다. 무릇 생명 가진 것들의 현재는 다 덤의 연속이라는 사실을 확인할 뿐이다.

현업으로부터의 정년 이후 삶을 흔히 덤이라 말한다. 죽음의 문턱을 오갔던 사람은 자신 앞에 놓여진, 공으로의 삶을 덤이라 일컫기도 한다. 덤인 만큼 남은 삶을 유유자적 욕심 부리지 않으며 살겠다고 말한다. 식당에서 덤으로 요구한 찬은, 먹어도 그만 남겨도 그만이 아니다. 말끔히 접시를 비워야 한다. 비록 덤으로 주어진 삶이라고 할지라도 소홀히 여길 일은 아니다. 이제까지의 삶도 곰곰이 따져보면 덤이 아니었던가. 덤이라는 그 삶도 결국 앞의 덤의 연장일 뿐이다.

앞의 덤은 따라올 뒷덤의 거름이 되기도 하지만, 뒷덤의 공을 가로채 오히려 멍에가 되기도 한다. 앞의 덤이 원금이라면 뒤의 덤은 이자와 같은 것, 그래서 인생은 항상 원리금으로 쌓여간다. 이자에 현혹되어 원금을 날리듯, 쌓아온 피나는 노력을 한방에 날리지 않을 수 없는 공직자나 금융인들의 일그러진 초상들을 화면에서 만난다. 타

산지석으로 삼아야 하리라.

어디서 왔다가 어디로 가는지 모르는 게 인생이다. 하물며 생의 크기나 한계를 안다는 것은 더더구나 가늠조차 할 수 없는 일이다.

명문대가의 자손으로 태어났거나, 지금 많은 것을 가지고 만인이 우러러보는 높은 자리에 있다고 하여 허세부릴 일은 아니다. 남보다 더 가지고, 더 많은 게 허여되었다 해도 다 덤에 지나지 않는다. 지지리 궁상맞은 집에서 평생 동안 가난의 땟국을 떨치지 못하는 삶, 더 이상 떨어질 바닥이 없는 막장인생을 산다 할지라도 한탄할 필요는 없다. 우리가 가시방석처럼 여기는 이 자리도 누군가에게는 부러워 안달하는 덤이 아니던가.

실체적 값어치 외에 조금 더 얹어주는 게 덤이다. 더 이상의 덤이 없어진다는 것은 무덤에 드는 일, 비록 작고 작은 덤이라 할지라도 겸허히 그리고 치열하게 그 덤을 받아들여야 하리라.

덕담

여학교에 문학 강연을 간 적이 있다.

나로선 미처 생각지도 못한 '저자, 학교에서 만나다'란 거창한 프로그램이었다. 교장 선생님을 따라 전교생이 운집한 강당에 들어서는 순간 난 고등학생으로 돌아간 것처럼 가슴이 두근댔다. 졸저 『하프플라워』 독후감 시상에 이어 강연과 즉석 문답으로 진행되었다. 체육관을 겸한 다목적 강당인지라 자리가 불편함에도 불구하고 학생들의 태도는 참으로 진지했고 그 열기 또한 후끈했다.

마치고 나니 행운권 추첨을 직접 해달라고 했다. 함 속에는 학생들이 지은 오행시 '하프플라워'가 가득 들어 있었다. 열 명을 추첨하여 행운상으로 학교에서 마련한 졸저를 주게 되었다. 한 학생이 책표지를 젖히더니 사인을 해달라고 했다. 갑작스런 부탁이라 서명만 했더니 '한 말씀' 적어 달란다. 맞아! 기왕이면 그 학생의 이름 아래 기념이 될 만한 덕담 한 마디를 쓰고 서명을 해주기로 했다. 학생의 이름과 얼굴에 가장 어울리는, 또는 평생 기념이 될 만하거나, 앞으로 살아가면서 삶의 나사를 단단히 조일 수 있는 말을 적어주고 싶었다.

하지만 아둔하게도 난 이런 경우를 전혀 예측하지 못했다. 아무런 준비 없이 왔기에 참으로 당황스럽고 황당했다. '얼굴 가져 오너라, 이름 짓자'란 말도 있지 않은가. 얼굴을 보여줘도, 이름을 알려줘도 그에게만 어울릴 덕담 한 마디는 왜 그렇게도 꽁꽁 숨어버리던지.

이성계가 송악 저잣거리에서 파자 점을 본 적이 있다고 한다. 둘러 선 사람들의 어깨너머로 보니 한 사람이 물을문問 자를 짚었다. 점쟁이는 힐끗 쳐다보고 "문전에 입이 걸렸도다." 하면서 아무래도 거지의 팔자를 면하기 어려우니 열심히 저축을 해야 한다고 했다. 호기심이 발동한 이성계가 다시 이 問자를 짚자 점쟁이는 이성계를 쳐다보고는 부들부들 떨면서 말을 못하더라는 것이다. 채근하자 그는 기어 들어가는 목소리로, "이리 봐도, 저리 봐도 군君왕지상입니다."면서 예를 갖추었다고 한다.

사람이나 사물을 읽는 통찰력에 대해 학생들에게 이야기를 들려준 연후라 그런지, 얼굴과 이름에 어울릴 만한 덕담 찾기는 퍼즐 맞추기보다 더 어려웠다. 학생들과는 비교적 자주 이야기를 나눌 수 있는 기회가 있었기에 내가 들려주고자 하는 메시지는 퍽이나 다양할 것 같았다. 그러나 한참이나 뜸을 들이고서야 몇 마디 적을 수 있었다. 그것도 몇 명이 지나가니 바닥이 나고 말았다. 내가 간신히 생각해 적어준 것은 기껏 '새 세대의 신사임당' '나날이 새로움으로' '아름다움과 열정의 소녀' 그 외 어떻게 적었는지 기억이 나지 않는다. 한심스럽게도 난 아직 그들에게 여성성을 강조하는 말들로 적은 것 같다. 글 쓰는 이에게 눈썰미와 순발력을 빼고 나면 무엇이 남겠는

가. 내가 덕담에 이렇게 약할 줄은 몰랐다.

자식의 성공을 진실로 원한다면, 일주일 동안의 학원 과외보다 십 분간 조부모의 덕담을 듣게 하는 편이 낫다고 나는 젊은 어머니들에게 누누이 말해 오지 않았던가. 덕담의 효과를 누구보다 중시하는 내가 우리의 딸들에게 들려줄 말씀 한 마디를 찾지 못해 전전긍긍하리라고는 생각지도 못했다.

난 왜 이렇게 한 마디로 표현하는 데는 옴짝달싹 조차 못할까.

눈에 넣어도 아프지 않을 아들, 딸의 초등학교 시절, 난 그들을 가훈상의 남남으로 만든 적이 있다. 아들에게 일러준 가훈과 딸에게 일러준 가훈이 달랐다. 부모 노릇 했다고 생일을 챙겨주는 아이들을 보면 지금도 미안할 따름이다.

명절 맞아 집안대소간이 모여도 아래 세대들에게 바른 덕담을 들려줄 줄 모른다. 어른은 몇 푼의 돈으로 할 일 다 했다고 믿고, 아이들은 촌수보다 돈의 액수로 거리를 가늠하는 세태가 되어버렸다.

핵가족의 일원으로 어느 사이 내가 한 가정을 책임지는 가장이 되었어도 어른인 줄 모르면서 살아가고, 제대로 어른 노릇을 해보지 않았으니 덕담인들 옳게 할 수 있었겠는가.

때맞추어 덕담 한 마디라도 들려줄 줄 아는 참어른의 길은 아직 나에게 멀기만 하다.

반칙

적과를 한다.

탐스럽게 매달려 있는 자두. 더 이상 자라지 않고 일 년 내내 이 정도로 남아 있어도 보기에 좋을 것 같다. 솎아내기가 안쓰럽다. 이웃 사람들은 나에게 오 리나 십 리에 하나씩만 남겨 두어야 튼실한 과실을 수확할 수 있다고 충고한다. 상품이 될 만한 것 하나를 건지기 위해서는 열 이상을 떨어뜨려야 하다니. 열을 살리고 하나를 아웃시킨다 하더라도 마음 아프기는 마찬가지일 것이다.

문득 십 년 전 IMF때 자동차 뒷좌석에 태워준 젊은이의 모습이 떠오른다. 그는 몸을 제대로 가눌 수 없을 정도로 술이 거나하게 취한 상태로 차를 세웠다. 이럴 때는 피하는 것이 상책이다. 그는 이미 거절에 이력이 난 듯 내 차를 가로막고 시내까지 태워달라고 막무가내로 부탁을 해왔다. 차를 잡기가 쉽지 않은 한갓진 곳이라 거절할 구실을 찾지 못했다. 차에 올라와서도 그는 줄곧 쉬지 않고 횡설수설 하소연을 해왔다. 어디서 무슨 일이든 제발 할 수 있게 해달란다. 그의 손에서는 궐련 연기가 이따금씩 긴 꼬리를 하늘로 올리고 있어 그의 절박한 애원 따위는 한 마디도 나의 귀에 들어오지 않았다. 그의 담뱃불이 뒷좌석에 불구멍을 낼 수도 있었기 때문이다.

내 손이 지나가려는 찰나엔 무수히 많은 자두 열매들이 그 때 그 청년으로 돌변하여 한꺼번에 읍소를 하는 통에 내 귀는 시장바닥 확성기 앞에 선 듯하다.

열매 중 더러는 경쟁에서 낙오가 되어 소매만 스쳐도 스스로 나가떨어지기도 한다. 형제나 동료들보다 크기가 작고 영양공급을 제대로 받지 못해 부실한 모습이 여실히 드러난다. 오 리나 십 리에 하나씩이란 이웃 사람들의 충고에 따르자면 이 부실한 녀석이 딱이다 싶다. 차지한 자리 덕분에 내 눈에 들어 선택당한 이놈이 며칠 후면 다른 것들과 어깨를 나란히 하거나 오히려 더 웃자라 있는 것을 보게 된다. 자두 열매 하나하나의 입장에서는 이 때 내 손은 조물주의 섭리 이상이다. 생살여탈권이 이 손 안에 있는 것이다.

늑대나 이리가 사자나 호랑이보다 낮은 반열로 평가받는 것은 사냥 능력에 따른 힘의 열세 때문이 아니다. 사자는 자기 배를 채우기 위해서가 아니라면 사냥을 하지 않는다. 하지만 이리는 자신보다 약한 놈이 눈에 띄면 일단 잡아 어르다가 죽이고 보는 것이다. 사파리의 먹이 사슬에서 본다면 사람은 사자보다는 이리의 속성에 더 가까운 것은 아닐까.

오늘 내 손에 잘려나간 자두 열매만 하더라도 신이나 자연의 섭리에 따르면 열 개의 작은 열매로 성장하여 또 다른 생명체의 먹이사슬로, 또 일부는 종족보존에 참여하도록 되어 있을 것이다. 여기에 사람이 끼어들어 합리와 효율을 내세우며 많은 것을 희생시키더라도 하나만 살아 남게 한다.

자두나무 한 품목에만 그러는 것이 아니라 사과가 그러하고 배가 또한 그러하다.

어디 그뿐이랴. 구조조정이란 미명으로 동료를 아웃시키는 일조차 지극히 당연한 것으로 합리화하고, 이를 자행하고 있다. 오늘 내 손 또한 조물주의 섭리를 거슬러 반칙을 하고 있다.

생각해 보면 내가 저지른 반칙이 어디 이뿐이랴. 이 땅에 뿌리 내리는 우리의 삶이 반칙 아닌 것이 얼마나 되랴.

배수구를 잘못 정리하여 몇 그루의 자두나무가 물에 잠겼다.

미련한 나무는 열매 건지자고 잎을 비롯한 제 몸이 타들어가면서도 열매를 놓치지 않으려고 발버둥을 치고 있었다. 나는 잎들이 푸른 빛을 되찾기를 간절히 기다렸다. 하지만 나의 기대는 아랑곳하지 않고 잎들은 점점 검붉게 타들어가고 있다. 종족을 퍼트려야 한다는 나무의 거룩한

본능, 이 또한 조물주의 뜻이리라.

어미의 고통을 이해하는 듯 열매들은 서둘러 익고 있다. 하지만 난 열매들을 내 손으로 따냈다. 나무를 보호하는 편이 훨씬 경제적이란 실리 때문이지만 조물주의 섭리에 반기를 든 것이다.

몇 남지 않은 잎들이 계절에 어울리는 색으로 서서히 돌아오고 있다. 그나마 내 생애 가장 잘한 반칙이었다.

불청객, 그 몹쓸 병

그대는 결코 초대받은 적이 없다. 도둑고양이처럼 그녀에게 찾아들었을 뿐이지. 그것은 순전히 우연이 아니던가. 그대가 그녀를 선택하는 데 요모조모 저울질을 해보지는 않았으리라. 그녀가 마음씨 착하고 젊다는 것, 그대를 경계할 틈도 없이 열심히 살았다는 사실이 그대를 받아들여야 할 당위는 아니잖은가.

무례한 그대는 그녀의 젊음과 꿈과 눈물을 양식 삼아 기생하고 있네. 그대는 결코 점령군이 아니야. 빚쟁이처럼 거드름을 피울 권리는 더더구나 없지. 숨죽이고 들어와 신세를 지고 생명을 부지한다면, 오히려 그녀를 상전으로 떠받들어야 하리라. 그리고 끝까지 주인에게 자세를 낮추고 그가 먹다 남기는 여분의 자양으로 그대의 주린 배를 채워야 하리. 그것도 얼마나 분에 넘치는 일인가.

그대도 처음부터 오만방자하지는 않았을 터. 소리 소문 없이 네발걸음의 아주 낮은 자세로 들어와 살얼음을 딛듯 조심스럽고 송구스러웠으리라. 뿐만 아니라 고통을 줄 수밖에 없는 그대의 운명이 몹시도 원망스러웠으리라.

그대의 주인이 최선을 다한 삶을 사는 동안 그대는 주인의 몸 안에서 무슨 음모를 꾸몄는가. 무너뜨리는 일 외에 그대가 할 일은 정녕 없단 말인가.

그대의 착한 주인은 낯선 침략자를 몰아내고자, 아니 이제는 협상이라도 하고자 더할 수 없는 고통의 시간을 보내고 있다네. 그러나 그대는 떠날 생각이 전혀 없어 야속하구먼.

오히려 적반하장. 무릇 생명 가진 것들은 다 욕심을 부린다고? 무단점령의 시효를 들어 그대의 허욕을 당연한 것으로 여기지는 말라.

그대가 달콤한 과육인 양 파먹고 있는 그녀의 살은 비단 그녀만의 것이 아니잖은가. 그녀를 간절히 필요로 하는 가족이 있다네.

제 살고자 남 해치는 일이 바로 '저 잡이'라는 사실을 왜 모르는가. 그대의 주인이 쇠하는 날, 그대가 지금 누리고 있는 안식도, 공급되는 자양분도 마지막이라는 사실을 잊지 마시게. 그대의 운명도 참으로 딱하구먼.

그대와 그대의 착한 주인은 서로 쓰러뜨려야 할 적이 아니네.

그래서, 그래서 말일세.

그대의 주인이 태만하거나 교만에 빠질 때 따끔하게 일깨워주는 진정한 동반자는 될 수 없겠는가.

그대를 품어 고통의 나날을 보내고 있는 그녀네.

부탁컨대 그대의 주인과 오래 오래 친구 하시게. 그리고 자네는 영롱한 진주로 다시 태어나시게.

보험만능 사회

미스 신은 결혼 적령기의 참한 규수다. 퇴근 무렵이면 미남 청년이 자주 차를 가지고 나타났다. 총각은 지방 명문대 출신으로 학벌 좋고 직장도 반듯하다. 통화내용을 들으면 결혼을 염두에 두고 사귀는 것 같다. 그런 그가 지금은 남자로서의 마지막 관문인 군에 들어가 훈련을 받고 있다.

미스 신에게는 남자 친구가 하나 더 있다. 그로부터 이따금 전화가 오더니 최근엔 이들의 저녁식사나 영화구경이 잦아졌다. 얄궂게 생각하는 나에게, "그 친구는 보험입니다."라며 그녀는 생긋 웃었다.

내가 어렸을 때는 운송수단을 가진 사람들의 돈벌이가 괜찮았다. 미군용 트럭을 개조한 버스 사업자, 택시 사업자, 선주들이 비교적 부자였다. 보험제도가 정착되지 않았던 탓에 이들이 돈을 잘 벌다가도 사고가 나면 쪽박을 차야 하는 수가 허다하여 운수업運輸業은 운수업運數業이 되기도 했다.

예나 지금이나 미래는 불확실하고 불안하다.

안정을 누려 본 사람들은 만일의 위험에 대해서도 고민한다. 자신의 성실과 노력만으로는 현재의 안정을 지키기 어려울 때 보험이란 제도는 참으로 요긴하다. 적은 부담으로 자신뿐만 아니라 남의 평안까지 보장하는 보험의 상부상조 기능은 인간이 개발한 가장 완벽한 제도라 해도 지나친 말이 아니다. 위험에 대한 보장은 개인의 몫이라 하더라도, 한 개인의 안정적 생활을 죽을 때까지 보장하겠다는 것이 한때 서구 복지 국가들의 정책목표였다.

우리도 보험의 홍수 속에 살고 있다. 교육, 각종 상해,

암과 질병, 생명에 대한 사적 보험, 그리고 의료, 고용 등과 같은 공적보험 덕분에 내일 당장 거리로 내몰리더라도 우리는 나락으로의 추락을 최소화할 것이다. 한두 차례 보험료를 불입하고도 불의의 재난 앞에서 오히려 큰 횡재를 한 이도 있다.

하루 관광을 다녀오더라도 보험에 들고 같은 종류의 보험도 이중 삼중으로 가입해야 안심이 되는 세상이 되었다. 보험은 이제 미래행 열차를 타는 데 멀미 안정제 정도가 아니라 일용의 식품이나 영양제가 되어버렸다. 그러나 아무리 많은 보험에 가입하더라도 근원적으로 우리는 불안으로부터 벗어날 수가 없다.

부자의 재산은 시간이 지날수록 늘어나게 되어 있다. 지키려고만 해도 된다. 그래서 확률이 지극히 낮은 경우에도 그들은 보험을 든다.

반면에 빈자나 약자는 잃을 것조차 별로 없다. 이들은 보장의 달콤함보다는 눈앞의 부담에 오히려 어깨가 더 무거운 사람들이다. 상대적으로 위험에 더 가까이 노출되어 보험사마저 이들의 가입을 기피한다. 보험제도가 그들에겐 그저 그림의 떡이 될 수밖에 없는 연유가 여기에 있다.

정작 보험에 목을 매는 사람들은 기득권자들이다. 이들은 안정권에 들어 있어 작은 보험료로도 큰 열매를 딴다. 지금 잘나가는 지도층의 사람에게도 앞날에 대한 막연한 불안은 예외일 수가 없다. 그들은 돈이 아닌 다른 유형의 보험을 찾는다. 술자리나 언론대담에서 자신을 포장할 수 있는 한 마디를 얼버무리며 흘리기만 해도 이는 훗날 자신을 위한 무형의 보험이 되고 튼튼한 울타리가 된다.

우리 사회는 보험에 대해 맹신하듯 강자에게는 관대하다. 최근 논란이 일고 있는 지도층의 학벌 문제도 이러한 우리의 의식구조 위에서 위조되고 부풀리어 왔을 것이다. 어디 학벌뿐이겠는가?

국내외적으로도 선진국은 선진국대로, 우리와 같은 후발 선진사회는 또 그 나름으로 사회보장제도가 뜨거운 감자가 되어 있다. 인위적 제도는 색안경과 같다. 그 덫칠에 현혹되어 본질을 보지 못할 수가 있다. 보험에 의존해야 하는 사회는 건강한 사회라 할 수 없다. 있는 그대로, 현실에 충실한 것을 덕목으로 여기지 않는 데 문제의 심각

성이 있다.

십 수 년 전 한국을 방문했던 미국의 어느 사회과학자는 한국인의 노후보험이 세계에서 가장 으뜸이라고 칭찬했다. 부모가 자식의 양육에 최선을 다하고 자식이 부모를 봉양하는 한국의 가족제도만큼 완벽한 노후보험이 없다는 것이다.

우리는 왜 노후가 불안한가. 자식 교육에 모든 것을 걸었어도 자식을 믿을 수 없기에 우리의 불안은 가중되는 것이다. 유럽을 비롯한 미국 등 선진국의 사회보장 제도 역시 가족관계가 무너진 뒤의 궁여지책이다.

'요람에서 무덤까지'라는 무지개만 생각했지 그러한 제도가 생겨날 수밖에 없었던 배경을 우리는 알려고 하지 않았다.

문학인들은 과거와 현재를 점검하고 미래를 예측하는 '시대의 경계인'이다. 우리가 제대로 자리매김을 하지 못하는 사이에 우리 사회는 보험비만국이 되어 버렸다.

사람에 대한 가장 훌륭한 보험은 사람 그 자체이다.

똥값 vs 금값

식탁 위의 김치에 젓가락이 가지 않는다. 지난겨울 금추일 때 담근 김장김치이건만, 배추 가격이 폭락을 맞은 지금 김치 신세가 처량하다.

사람의 입맛은 참으로 간사하여 표준 레시피로 제어할 수 있는 게 아닌 모양이다. 거기다가 비이성적이다. 아무리 몸에 좋은 것이라도 지천으로 널리면 입맛이 용하게도 달아난다. 또 돈으로도 구하기 어려운 금값에 이르면 몸에 그다지 이로울 게 없으면서도 유혹하는 그 맛을 떨쳐

내기가 어렵다.

우리에게 정말 소중한 것, 당장 없으면 생명에 지장을 줄 정도로 귀중한 것은 모두 똥금, 아니 무료에 가깝다. 공기나 물이 그러하고 먹거리 또한 그 범주이다. 반면에 우리가 금값을 치르고 얻는 것은 정작 있어도 그만 없어도 그만, 살아가는 데 전혀 영향을 주지 않는다.

이 세상의 먹거리는 하느님이 우리 인간에게 차려 내놓는 밥상이다. 100일 치성기도보다 맛있게 먹어준다면 하느님은 훨씬 더 기뻐하실 것이고, 또 우리에게 복을 듬뿍 쥐어주실 것이다. 어머니가 어린 자식의 생일상을 정성껏 차려 내놓았는데 그 친구 중 하나가 맛있는 건포도나 치즈만 빼어 먹고 나머지는 대충 버린다면 어머니는 속이 많이 상할 것이다. 남의 자식이라도 한 대 쥐어박고 싶은 심정이 된다. 하느님이 우리 앞의 현시적 존재라면 우리는 많이도 쥐어박혔을 게 분명하다.

조물주는 철 따라 우리의 몸에 필요한 영양으로 밥상을 차려낸다. 즉 제철에 나는 식재료는 우리 몸이 요구하는 영양소들이자 약재 아닌 것이 없다. 그런데도 변덕스런 입맛은 제철의 풍족한 산물에 대해서는 흥미를 느끼지 못한다. 그래서 한겨울에 토마토나 딸기를 생산해 낸다. 과일이나 채소가 제철보다 일찍 시장에 나와야 소비자의 앞선 계절감각을 자극하여 비싼 가격으로 팔릴 수 있다. 성장촉진제와 에너지를 사용하였으니 자연 그 값은 금값으로 치솟고, 입맛은 최고조로 자극을 받는다.

제철 노지에서 작물이 왕성하게 성장하는 동안에는 이에 기생하는 벌레들 또한 활동하기에 가장 좋은 시기이다. 벌레 먹은 채소나 과일이 무농약의 증거라는 것을 모르는 사람은 없지만, 소비자의 손이 쉬이 가지 않으니 이들의 가격은 똥금이다.

반면에 우리가 금값을 주고도 선뜻 손이 가게 되는 명품 과일에는 농약이 과육 속에 축적되었을 수 있다고 보아야 할 것이다. 요즘에는 야채의 신선도를 오래 유지하기 위해서 성장 억제제와 같은 기능성 농약이 사용된다고 한다. 싱싱함으로 우리의 눈을 유혹하는 과일이나 채소에는 일단 경계를 늦추지 말아야 한다. 금값과 명품, 최상의 편의가 조물주의 섭리는 아닐진대, 벌레 먹은 것에 눈길

줄 사람이 몇이나 될까.

자본주의의 총화인 편의와 소비의 즐거움을 누리는 데는 에너지가 필수적이다. 석유 한 방울 나지 않는 나라들이 고도의 경제성장을 이끌어온 데는 차선책이긴 하나 원전에 힘입은 바가 크다 하겠다.

이웃 일본의 방사능 유출을 처음 목도했을 때 우리는 정수장을 덮었고, 비가 온다고 휴교를 감행했다. 에너지 정책을 원자력에 의존해 오던 유럽의 여러 나라가 원자력 발전소 신규 건설을 보류하고, 기존의 발전소도 발전을 중단하거나 고려하는 등 대체에너지 개발에 부심하고 있다.

우리의 경우도 원자력 중심으로 에너지 정책을 고수해야 할 것인지 기로에 서 있다 할 것이다. 부존에너지자원이 거의 없는 나라로서는 원자력 이외의 다른 대안이 거의 없다고 보아야 할 것이다. 산업시설의 가동이며 냉난방, 교통 통신 등의 분야에서 편의와 효율을 포기할 수 있을까. 삼사십 년 전만 하더라도 호롱불 신세를 면하기도 어려웠던 우리 세대가 오늘날엔 대낮에도 불을 밝혀야 일을 할 수 있는 시대에 살고 있다.

방사능 유출로 호들갑을 떨던 우리가 어느 사이 무덤덤해진 것을 보면 인간이 망각의 동물이라는 게 빈말은 아니다.

원전이 인류에게 재앙을 초래할 가능성을 배제할 수는 없다. 또 후손들에게 원전폐기물을 물려주어야 하는 우리의 부도덕성은 어떻게 설명해야 하는가. 원전반대라는 총론에는 찬성하지 않을 이 없지만, 대안이 없다.

소비의 즐거움에 길들여진 우리가 편의를 포기하고, 똥금의 불편을 감수할 수 있을까. 삶의 질에 대한 눈높이 또한 낮출 수 있을까.

자연으로 돌아가라는 명현들의 말씀을 새겨볼 때이다.

내 이럴 줄……

하루의 일과는 찾는 일로부터 시작된다.

눈을 뜨면 컵을 찾아 냉수 한 모금 들이켠다. 그리고 조간신문을 챙기고 또 관심 가는 기사가 무엇인지 찾는다. 출근을 서두르면서 와이셔츠며 넥타이, 손수건에 자동차 열쇠까지. 다소 아내의 도움을 받기도 한다. 그리고 한두 가지는 건너뛰어도 큰 무리가 없다.

그런데.

오늘 아침엔 자동차 키를 아무리 찾아도 그 행방을 알

수가 없다. 2층과 3층을 오르내리며 이 책상 저 책상, 탁자 위를 샅샅이 뒤져도 열쇠는 오리무중이다. 이러기를 여러 차례, 어제의 외출복과 평상복 호주머니를 뒤집고 털어도 열쇠꾸러미는 나를 술래에서 풀어줄 기미를 보이지 않는다. 아무리 기억을 더듬어도 머릿속에서는 여전히 '못 찾겠다, 꾀꼬리!'만 연발한다.

지금 날아가더라도 수업 시작시간에는 닿을 수 없다. 어제 퇴근하여 열쇠를 주차장이나 길바닥에 떨어뜨렸을 수도 있을 것 같아 한 발자국씩 조심스럽게 옮기면서 살핀다. 그래도 찾지 못해 주차된 자동차의 바닥까지 훑는다.

간절히 애를 태우고 있는 제 주인에게 자동차가 스스로 문을 열어줄 것 같다. 자동차 주위를 수없이 배회하며 부드러운 손길로 자동차를 쓰다듬는다. 그래도 무정한 차는 요지부동이다. 온갖 첨단 전자기술을 동원하여 만들어졌다는 자동차이건만, 주인을 몰라보는 녀석이 야속하다.

평소 정리정돈에 젬병인 나는 언젠가 한 번은 오늘과 같은 사단이 벌어질 줄 알았다.

누가 나의 책상을 정리라도 해주고 나면, 나는 찾는 일에서 손을 들어야 한다. 책상 위에 널브러진 책이며 서간, 메모들이 난장판을 이룬다. 정신 시끄러워 하는 분들을 위해, 때론 깜박하고 있던 것을 긴히 찾아내려고 정리를 시도한 적이 한두 번이 아니다. 좌우 또는 우좌로 왔다리 갔다리를 반복할 뿐 진전은 거의 없다. 그래도 그 난장판에서 나는 용케도 원하는 것을 잘 찾아내는 편이다. 세상에는 이런 나와 닮은 분들이 더러 있나 보다. 내 책상을 보고 동지를 만났다고 반가워하는 이들도 있으니까.

정리정돈에 능한 아내도 요즘에는 가끔 자동차 열쇠를 찾느라 허둥대기도 한다. 내심 동지를 만나 반갑기도 하다. 그러나 아내는 나랑 같은 길을 가서는 안 된다면서 날고들 때마다 지극정성으로 열쇠꾸러미는 항상 정해진 곳에 걸어둔다. 그리고는 나에게도 꼭 지정된 자리에 걸어두라고 잔소리 아닌 잔소릴 한다.

건성으로 들었다. 아니 나도 그렇게 하고 싶었지만, 지정된 자리에 거는 일이 나에겐 더 큰 일거리였다. 아, 호미로 막을 일을 이렇게 가래로 막아야 하다니.

잃어버린 열쇠야 다시 제작하면 되겠지만 이 꾸러미에

는 USB 메모리칩이 달려 있다. 내 딴에는 수족처럼 함께 다니는 자동차 열쇠꾸러미니까, 여기에 달아두면 번번이 찾아야 하는 수고쯤은 덜 것으로 여겼기 때문이다.

그런데.

그 칩에는 강의 내용과 원고, 미처 정리되지 않은 채 쓰다 만 초고까지……. 낭패가 이만저만이 아니다. 잠시의 수고를 아낀 결과가 이렇게 크다.

보험회사에 전화를 하여, 간신히 자동차 문을 열었지만 열쇠는 자동차 안에도 역시 없었다.

오늘따라 종일 나의 뇌리에서 떠나지 않는 한마디, '우물쭈물하다, 내 이럴 줄 알았다.' 조지 버나드 쇼의 묘비명.

그런데.

잠자리에 들 무렵, 그 꾸러미는 내가 에멜무지로 뒤진, 몇 번이나 뒤지고 뒤졌던, 어제의 그 바지주머니에 거짓말처럼 들어 있었다.

영어 바이러스

핵가족제도를 찬성하는 쪽은 젊은 부부들만이 아닌 것 같다. 요즘 늙은이들은 젊은 시절 부모 봉양하면서 자식 키우느라 허리 한번 제대로 펴지 못한 세대다. 이제 겨우 자신을 돌아보려는데 두벌자식을 또 키우고 싶겠는가. 며느리나 딸로부터 손자를 맡아 키우지 않으려는 할머니들이 경로당에서 별의별 경험담을 늘어놓았다.

"꼭꼭 씹은 음식을 아이 입에 떠 넣어 주는 것을 보더니 그 날 당장 아이를 데려갔어요."

"처음 한두 번 놀라지 그것도 별 소용없습디다. 그래서 밥을 먹이고 난 뒤 걸레로 아이의 입을 쓱쓱 닦았지요."

"저는 억센 경상도 사투리로 말을 가르쳤어요."

기발한 방법이었지만 며칠 가지 않아 다시 맡아 키운다는 사람들이 많았다. 그런데 한 할머니가 확실한 성공담을 들려주었다.

"저는 영어책을 읽어줬지요."

"……?"

"온새 우포나 티매, 론그 론그 아고……."

영어가 얼마나 무서웠으면 할머니에게 아이를 다시는 맡기지 않았을까.

우리는 지금 영어 능력이 가져다줄 가능성 앞에서 오금을 펴지 못하고 있다. 광복 이후 할아버지 세대에 이어 아버지 세대, 그리고 지금도 출세에 가장 큰 걸림돌은 영어라고 생각하는 이들이 많다. 나의 아버지 역시 시대의 낙오자를 자처하며 아예 공직 출사를 포기한 것은 내심 신식교육을 받지 않아 영어로는 까막눈이나 다름없기 때문이었으리라.

많은 사람들이 영어에 묻지마식 한풀이, 대책 없는 투기를 하고 있다. 기러기 부모의 출현과 지나친 사교육비 문제에 대한 해답으로 정부가 내놓은 영어몰입교육은 오히려 과열에 기름을 붓고 있다. 초등학교에서도 아예 영어로 수업할 날이 머지않은 것 같다.

온 국민에게 유창한 영어를 강요하여 어쩌자는 것인가. 앞으로 모든 국민을 영어권 국가로 내몰자는 취지인가, 아니면 우리끼리도 국어를 버리고 영어로 생활하자는 의도인가! 중국이나 프랑스에서도 영어로 외교를 하고 비즈니스를 하는 것이 효과적이란 말인가. 영어를 잘한다고 국가 경쟁력이 올라가는 것은 아니다. 글로벌시대에 지구촌 어느 곳의 사람들을 만나더라도, 영어는 의사소통의 가능성이 큰 외국어일 뿐이다.

요즘 우리 사회에 몰아치고 있는 영어 열풍은 이미 광풍이 되어 있다 해도 지나친 말이 아니다. 많은 사람들이 영어만 제대로 할 줄 알아도 무언가 크게 대박을 낼 수 있다고 맹신하고 있다. 기러기 가족을 없애겠다고 하면서 나라마저 그 투기에 한몫을 보탠다. 초등학교에서조차 영어가 국어보다 더 중요한 과목으로 수업 비중이 바뀌고 있다.

모든 국민이 영어로 의사소통이 자유로워질 때 우리가 얻는 것은 적지 않다. 하지만 내놓아야 할 것은 또 얼마나 많겠는가.

언어장벽이라는 거대한 장애물이 사라지고 난 뒤에 우리의 신문, 잡지, 출판, 영화 산업이 온전히 경쟁력을 유지할 수 있겠는가. 연예 및 오락 산업 역시 언어장벽의 득을 톡톡히 보고 있다 할 것이다. K-팝을 비롯한 연예계의 한류 열풍 역시 언어장벽 덕분에 국내에서 충분히 자생력을 키워 해외로 뻗어나갈 수 있었던 것이다.

영어에 노출되는 것이 학습에 큰 도움이 되는 것은 사실이다. 차제에 드라마나 뉴스를 국어와 영어, 이중 언어로 방송하기를 권고한다. 이미 이중 언어 송출이 가능하고, 방송되는 언어의 자막까지 시청자가 선택할 수 있는 환경이다. 그렇게만 한다면 일자리 창출은 물론 번역산업에 날개를 달아 우리 문학과 예술을 세계에 널리 알리는 등 일석삼조의 효과를 거둘 것이다.

투기나 광풍이 반사회적이기는 하지만, 이를 잠재우기 어려운 것은 집단적, 몰이성적이기 때문이다. 그리고 그 끝은 분명히 많은 상처를 불러오기 마련이다. 작금의 영어 광풍을 보노라면, 17세기 초 네덜란드에 불어닥쳤던 튤립구근에의 투기를 연상하게 된다.

네덜란드라면 국토의 4분의 1이 바다보다 낮은 나라, 튤립을 떠올리게 된다. 1602년 세계 최초로 증권거래소를 설립했던 네덜란드인들은 지금도 가장 합리적 발상을 하는 것으로 알려져 있다.

튤립은 중앙아시아 원산으로 어느 보부상의 짐보따리를 따라 네덜란드에 들어간 것으로 추정된다. 해상무역으로 늘어난 국부를 주체할 수 없을 때, 그들은 이 희귀한 튤립구근에 너도나도 묻지마 투자를 하여 정점에 이르기까지 꿈같은 행진이 계속되었다. 마침내 온 나라의 가정경제가 수렁에 빠지는 아픔을 겪었다고 한다. 지금은 잘 극복하여 튤립의 나라가 되었지만…….

영어에 쏟아 붓는 엄청난 국력 낭비를 보다 못한 어느 문인이 영어를 공용어로 채택하자는 의견을 냈다가 여론의 몰매를 맞은 적이 있다. 국어와 영어 학습에 들어가는 시간과 비용, 대학입시와 입사시험에서의 배점 등을 감안한다면 영어가 국어를 몰아낼 날은 시간문제일 뿐이다.

약 100여 년 전 우리나라에 상륙한 영어 바이러스는 온 나라를 영어 광풍으로 내몰더니, 마침내 이판사판의 투기장으로 만들어버렸다. 그리고는 중도하차가 불가능한 지경을 눈앞에 두고 있다.

튤립이 네덜란드를 뒤덮었듯이, 내 나라에서 우리끼리라면 팔고 사고, 길 묻고 답하려고 영어를 고생고생 배워야 한다니 참으로 억울하다, 누굴 탓할 수도 없고!

나 여기 있소

교통체증이 빈번한 간선도로의 나들목에서 찹쌀떡이나 과일, 주전부리를 파는 여학생들을 가끔 만난다. 아이들은 곡예하듯 자동차 사이를 오가며 위험을 무릅쓰고 장사에 몰두한다. 한창 부끄럼이나 수줍음을 탈 나이에 부모가 시키지도 않는 일을 하고 있다. 더구나 한 학기를 마무리해야 하는 학기말 시험을 앞둔 시기에까지 이렇게 돈벌이를 나온다. 그들을 보면 대견한 생각이 든다. 한창 공부해야 할 나이가 아닌가. 그들 앞에 놓인 현실에 가슴이 무겁다. 젊어서 그런지 포동포동한 얼굴은 부잣집 자제 못지않다. 구김살 없이 참으로 반듯하게 자랐다고 여겨진다. 그 밝은 성실함이 기특해서 잘 먹지도 않는 뻥과자나 간식거리를 사주기도 한다.

스스로 학비를 마련해야 하는 소녀가장이리라. 적어도 처음에는 그렇게 믿을 수밖에 없었다. 나중에야 안 사실이지만 학비 조달을 위한 아르바이트 학생들은 극소수이고 대개는 유흥비 마련을 위한 학생들이라고 한다. 철없는 이 아이들은 몇 며칠을 그렇게 어렵사리 벌어서는 디스코텍에서 신명나게 놀판을 벌일 것이다.

'돼지발톱에 봉숭아물 들인다.'는 말이 있다. 돌다리도 두드려야 하는 내가 또 돼지발톱에 봉숭아물을 들이고 말았다. 최근 대를 물려줘도 손색이 없을 만한 독일산 호너 아코디언 하나를 덜컥 사고 말았다. 난 전혀 음악적이지 못하다. 언제나 박자에 주눅이 들어 허물어지곤 한다. 그런 내가 오래 전부터 악기 하나라도 제대로 연주할 수 있기를 오랫동안 꿈꿔 왔다. 가끔 주관하는 행사에서 선배의 아코디언 연주에 매료되어 이렇게 일을 저지른 것이다. '개 발에 다갈'이란 말이 있듯이 아직 걸음마도 떼지 못하면서 악기에 욕심을 부린 자신이 한심스럽고 가족에게 미안한 생각이 들었다.

장성한 아이들 밑으로 들어갈 돈이 얼마인데 이렇게 쉽사리 결론을 내렸단 말인가. 아코디언을 배우겠다고 결심이 섰을 때 나는 밤낮을 가리지 않고 인터넷을 뒤져 시장 조사를 하고, 많은 사람에게 자문을 구했지만 내심 명품에 눈이 가 있었던 것 같다. 수천만 원이 넘는 악기도 있는데, 나에게도 이 정도의 호사쯤이야 부릴 자격이 있다고 스스로 위안했다. 더구나 지난 학기에는 외래 특강이 많아 공돈이나 다름없는 강사료로 충당한다면 가족에게 그렇게 미안해 할 필요가 없다면서.

지금 이 나이에 전업 연주자가 되려는 것은 아니지만 언젠가 남 앞에 섰을 때 그래도 괜찮은 악기로 연주하고 싶다는 나의 허세가 발동한 것이리라. 한동안 사무실에 두고 연습하다가 집으로 들여갔다. 사무실에서 직원들이 퇴근하고 나면 연습하기 위하여 한 대를 더 구입하였다. 하고 싶다고 마음만 먹으면, 지갑 사정은 생각하지 않고 일단 일을 저지르고 보는 나다. 수년 전엔 앞서와 같이 키보드도 연습용과 연주자용으로 두 대를 산 적이 있다. 음악적 재능이 없는 데다 연습시간까지 인색하다 보니 그냥 주저앉고 말았다. 매번 그 날이 언제일지 모르지만 그 한 번을 위하여 거금을 마다하지 않는다. 그러고서는 이내 시들해서는 물러서고 만다.

평소에는 돈 쓰는 일에 신중한 편이다. 맞벌이 가정에 비한다면 씀씀이를 줄이지 않을 수 없다. 하지만 마음을 내기 시작하면 순식간에 저지르고 만다. 거실에 20인치 구형 텔레비전을 두고 사는 검소한 의사의 이야기를 들어서인지 맛이 간 텔레비전을 오랫동안 보았다. 며칠 전 텔레비전의 색상이 완전히 연두색으로 변했다. 구경이나 한번 하자면서 아내와 전자상가에 갔다가 최신 대형 텔레비전과 마니아를 위한 홈시어터 장비를 덜컥 샀다.

가족이 한 자리에 모이는 시간이랬자 잠 자는 시간과 주말의 몇 시간이 고작이다. 그렇다고 영화를 즐기거나 음악 감상에 남다른 조예가 있어서도 아니다. 한동안이나마 퇴근 시간이 빨라지고 며칠째 소비의 달콤함에 빠져

지낼 수 있었다.

무모한 소비 뒤에는 항상 그럴듯한 이유가 따른다. 그 아이들이 번 돈은 지갑이나 은행에 머물 겨를도 없이 곧장 디스코텍으로 날아갈 것이다. 하지만 나의 경우는 카드로 미래의 수익을 앞당겨 소비한다. 한심하기로야 내가 그들보다 한수 위라 해야 하나, 아래라 해야 하나?

소비를 통해 내가 살아있음을 증거하듯이 저들 또한 '나 여기 있소'를 그렇게 외치고 있는 것이리라.

살아오면서 나 아닌 모습으로 나의 존재를 드러낼 때가 참으로 많다. '쓴다, 고로 나는 존재한다.'의 그 날이 나에겐 왜 멀기만 할까.

석우石牛 선생을 회고하며

추석을 며칠 앞두고 석우 이윤수 선생의 시비를 찾았다. 시비는 선생의 작고 3주년을 맞아 구상 선생 등 84명의 발의로 시비 건립위원회가 구성되고 윤장근 죽순문학 회장과 하오명 회원, 고인이 된 김경호 회원이 실무를 맡아 건립되었다.

생시에 선생과 교분이 두터웠던 문인과 유족 외에도 일본 오사카의 <사꾸柵> 동인, <가나자와> 문학회원들까지 범문단적 모금에 의해 빛을 본 시비이다.

선생은 이 산자락에 살면서 앞산을 조깅하는 것으로 일과를 열었다. '죽순 창간 50주년 기념호'의 출판 관계로 외출했다가 불의로 교통사고로 타계하셨다. 요즘도 현충 네거리를 지나 앞산 초입에 들면 백발을 휘날리며 반바지 차림으로 노익장을 과시하는 노 시인을 만날 것만 같다.

1945년 10월 <죽순시인구락부>를 창립한 선생에겐 '우리나라 최초'란 수식어가 곧잘 붙었다. 해방 후 처음으로 이 땅에 시문학 동인지 ≪죽순≫을 창간하였으며, 1948년 우리나라 최초의 시비인 상화시비를 건립하였고, 6·25 중에는 문총구국대를 조직하는 외에도 『전선시첩』을 간행하였다.

상화 선생의 기념사업에도 남다른 애정을 보여 '상화백일장'을 6회나 개최하였고 손수 제정한 '상화시인상'은 이제 이상화기념사업회에서 이어받아 해를 거듭할수록 빛나는 문학상으로 영광을 더해 가고 있다.

변변한 문예지가 없던 시절에 ≪죽순≫은 피란 온 문인들과 지역 문인들이 모두 참여, 작품 발표의 장을 넘어서서 교류와 발표를 위한 무대가 되었다. 대구가 아직도 현대문학의 메카임을 자부하는 데는 죽순의 역할이 크다. 한국을 대표할 수 있는 문인들의 참여를 이끌어내고, 김요섭, 천상병, 이영도를 비롯한 빛나는 신예작가들을 발굴하고 예술인들을 위한 담론의 공간이 되었다.

선생은 '명금당'이란 시계 수리점을 생업으로 경영하면서 ≪죽순≫의 발간 사업과 문학의 지평을 넓히는 데 평생을 바쳤다. 밑 빠진 독에 물 붓기처럼 아무리 쏟아 부어도 성이 차지 않는 잡지 만들기, 재정결핍에 따른 갈증을 누구보다 잘 아시면서도 문학과 출간사업에 남다른 애정을 쏟으셨던 분이기에 나이 차가 큰 나에게도 각별한 관심을 주셨으리라.

아호 석우石牛가 암시하듯 선생의 뚝심과 배짱이 아니었던들, 또 고집불통의 석우를 존경하며 따르는 후배들이 없었던들 죽순이 그 어려운 질곡의 60여 성상을 헤쳐 나올 수 있었겠는가.

海風이 앗아가는 봄을 어루만지며
외로이 모래밭에 엎드려

모래알을 헤인다
억겁 일월
밀려갔다 밀려오는 파도처럼
아아 !
'헤아려도 헤아려도 헤아릴 수 없는
人間 삶의
사랑과 슬픔과 고뇌의 씨앗들
파도 되어 밀려온다.'

서예가 현사玄史의 글씨로 비 전면에 새겨진 시 「파도」 전문이다. 선생은 이제 '인간 삶의 사랑과 슬픔과 고뇌의 씨앗들'이 사라진 시선詩仙의 세계에 머물러 있으리라.

간밤 선생은 돌옷을 벗고 선술집이라도 다녀오셨나 보다. 시비 들머리의 다리를 지켜야 할 돌사자는 밤 내내 石牛를 수행하느라 잠을 설쳤는지 아직도 잠에 취하여 기지개조차 켜지 않는다.

대구에 필 문학의 르네상스를 고대하는 石牛는 오늘밤도 향촌동으로의 외출을 꿈꾸고 있으리라.

사라지기에 아름다운가

세모의 동동걸음이 블랙홀에 빠져들 듯 한층 더 바빠졌다. 연초의 여유에 비하면 조급하다. 돌아보면 그리운 것들은 켜켜이 쌓여있지만 반추할 겨를이 없다. 설을 맞는다고 달라질 거야 나이 한 살을 더 얹는 것 말고 무엇이 더 있겠는가. 산모롱이 돌아 오르면서 땀 훔치듯, 한 굽이씩 또 하나의 매듭을 짓는다. 가고 오는 게 교차하는 점이 설이다.

설이 되어야 새 옷이 생기고 새 양말이라도 신을 수 있어 손꼽아 기다렸던 때가 있었다. 선달그믐 무렵, 아버지 형제가 없는 우리 집은 오히려 쓸쓸했던 것 같다. 친구의 삼촌들이 며칠 전부터 귀향하여 함께 연을 날리기도 하고 스케이트도 만들어 주는 것을 보면 가슴 한쪽에서 진한 외로움이 느껴졌다. 아버지께서도 홀로아들의 외로움을 아셨기에 자식 욕심이 많았으리라.

할머니께 세배 온 아버지의 친구나 낯선 이들로부터 간혹 세뱃돈으로 동전을 얻을 때가 있었다. 매우 드문 경우였다. 땅 위에 놓고 발뒤축으로 밟아 한두 바퀴 빙그르 돌면 동전은 어느 사이에 반짝반짝 눈이 부실 정도로 윤이 났던 기억이 새롭다.

이제 우리 식구만도 스물을 넘는 대식구가 되어 설을 맞는다. 형제며 조카들이 모두 모일 수 있는 편의를 위하여 고향이 아닌 객지에서라도 한 자리에 모이자 다짐하지만 한두 집은 빠질 때가 잦다. 엊그제 보고 또 보아도 철철 넘치는 것이 혈육의 정 아닌가. 작은 선물에도 고마워하는 형제들이었기에 양말 한 짝을 준비하는 일도 즐거웠다. 그것도 잠시, 물질의 풍요 속에서 손수건 한 장이라도 명품이 아닐 바에야 어떤 선물도 현금만 못하다는 것을 익히 알아서인지 요즘은 형제간의 선물 건네기가 자취를 감추었다.

뿐만 아니다. 조카들에게도 세뱃돈으로 어른 구실을 대신해야 한다. 아이들이 어른의 숫자보다 적고 자주 보지 못하니 오히려 어른들이 아이들의 환심을 사기에 바쁘다. 그러다 보니 분에 넘치는 세뱃돈이 오가기 일쑤다. 아이들은 어른들의 덕담에 귀 기울이기보다 서로의 세뱃돈의 많고 적음에 신경을 쓰고 있는 것 같다. 어떤 해는 형들이 받은 액수에 미치지 못하여 샐쭉이는 어린 것들의 투정에 온 가족이 박장대소하며 대견하게 생각할 때도 있었다. 돈맛을 알면서부터는 아이들이 촌수보다는 세뱃돈의 많고 적음으로 친소관계를 받아들이는 것 같아 마음이 씁쓸해진다.

수 년 전 미국에서 코리언드림을 이룬 한국 여성 기업가 김태연 회장의 설날 풍경이 텔레비전에 방영된 적이 있다. '그도 할 수 있고 그녀도 할 수 있는데 나라고 왜 못해!He can do. She can do. Why not me!'라는 그녀의 좌우명과 함께 매우 인상적이었다. 혈혈단신의 그녀는 미국에서 마약중독자나 마피아 등을 양자로 삼아 한집에서 생활하고 있었다. 그들 중에는 이미 결혼을 한 사람도 있었고 아직 나이 어린 청소년들도 있어 나이 차가 다양했지만 새해 첫날 아침 그녀는 가족 한 사람 한 사람에게 세뱃돈이 담긴 봉투를 건넸다. 그 속에는 빳빳한 1달러와 덕담을 적은 메모가 들어 있었다. 적은 돈이지만 소중하게 생각하고 함께 들어있는 덕담에 무게를 두는 그들의 생활 자세에 크게 고무되어 나도 실행에 옮기리라 마음먹었다. 하지만 '째째한 어른'으로 비춰질까 아직도 망설이고 있다.

영화 '상류사회'에 출연했던 여배우 그레이스 켈리는 동료인 프랭크 시나트라로부터 2달러짜리 지폐를 선물로 받은 후 모나코의 왕비가 되었다. 이후 이 지폐는 행운을 가져다주는 화폐로 받아들여져 지금도 많은 사람들이 소장하고 있다. 내가 한국은행 총재라면 소장하기만 해도 행운을 가져다주거나 꿈을 이루게 하는 이천원짜리 지폐를 찍어보고 싶다. 세뱃돈으로, 수능 전일, 그 외에도 특별히 격려해주고 싶은 날 행운을 담아주는 지폐로 소장하도록 말이다. 그리고 그 돈은 1,2년 이내에 자신을 위해서가 아니라 이웃을 위해 쓰여지도록 하는 행운의 화폐를 만들고 싶다.

내 몸에서 윤기가 빠져나가듯이 아름다운 것들은 왜 다 바스러져야 하는지 마음이 아프다. 한 해를 맞는다는 것보다 보낸다는 데로 무게 중심이 쏠린 탓이리라.

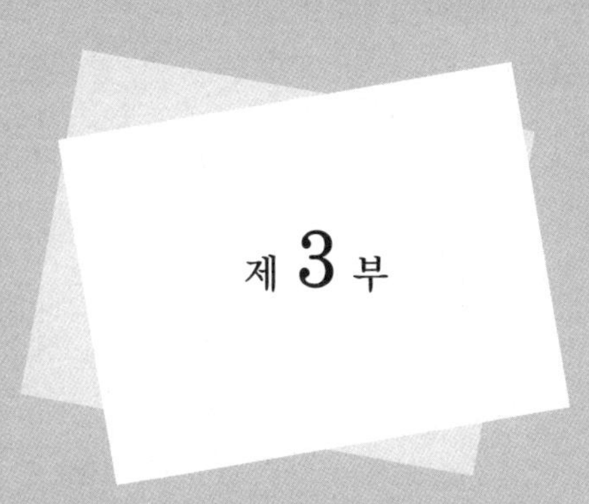

제 3 부

삶은 계란

틈실한 열매를 얻기 위해서는 씨앗이 좋아야 한다. 또 아무리 훌륭한 우량종자를 구했더라도 싹을 틔우는 기술이나 환경이 바르지 못하면 좋은 열매를 기대할 수 없다.

수필 쓰기 또한 이와 다르지 않다.

어렵사리 시간을 내어 수필집을 잡았다가 중도에 책을 접어야 하는 경우가 있다. 씨앗이 좋지 않았거나 싹을 잘못 틔웠기 때문이다. 그럼 수필 쓰기에서 좋은 씨앗이란 어떤 경우를 이를까?

우선 독자의 입장에서는 새롭고 신선하고 흥미로우며 교육적이거나 유익하면 좋겠다. 문제는 이러한 씨앗들이 수많은 사람들의 눈에는 스쳐 지나가고 나의 눈에만 들어오겠느냐 하는 점이다. 어쩜 그런 씨앗들은 이미 동이 났을 수도 있다. 어제 본 세상이나 오늘 본 세상이나, 그가 본 세상이나 내가 본 세상이나, 사실은 그게 그것이요, 새로울 바가 없을지도 모른다.

그렇다고 하늘 아래 새로운 것이 전혀 없는 것은 아니다. 이제까지 익숙하게 보아왔던 견해와 다른 관점에서 세상을 보아야 한다. 낯선 각도에서 바라보는 것이다. 좋은 씨앗을 찾으러 한번 나서 보자.

씨앗이란 바로 글감이 되는 소재를 발견하는 일이다. 주제를 결정하고 난 뒤에 소재를 찾는 경우도 있지만 우연히 글감이 먼저 포착되어 작가에게 글쓰기를 부추기기도 한다.

요즘 직장에서 정년까지 살아남기가 여간 어려운 게 아니다. 세간의 말에 의하면 56세에 직장에서 밀려난다고 오륙도, 45세 한창 나이에 해고당하는 경우를 사오정, 억울하게도 38세의 명퇴는 삼팔선, 그것도 모자라 20대 태반이 직장을 구하지 못하는 세태를 빗대어 이태백이라 풍자하는 이야기를 들었다.

언어의 유희가 문학의 한 기능이라는 점을 감안한다면 글감으로는 충분하겠다. 하지만 재미난 일의 소개는 이야기꾼의 몫이지 글꾼의 몫은 아니다. 그럼 이 구미 당기는 이야기를 씨앗으로 하여 어떤 싹을 틔울 수 있을까.

수필은 자신을 포함하는 세상과 자연, 그리고 우주와 소통하는 깨달음에 뿌리를 둔다고 하면 너무 거창한 표현이 될까.

직장에서 밀려나는 사람들에겐 여러 가지 사정이 있을 수 있겠지만 결국 구성원들과의 소통에 문제가 있었지 않을까. 40대에 백수가 된 사람이라면 직장동료와 혹은 일이나 세상과의 소통에서 제대로 기능을 발휘하지 못한 사람일지도 모른다. 그렇다면 사오정에 초점을 맞추고 싹을 틔워나가면 될 것이다.

또 한 차례의 유희를 생각해 본다.

최불암은 IMF가 닥치자 직장을 잃고 낚시터로 유원지로 하루해를 보내기 위해 안간힘을 쓰고 있었다. 배에서는 꼬르륵 소리가 수시로 신호를 보내왔다.

"삶은 계란이 왔어요~!"

눈이 번쩍 뜨였다. 하지만 고픈 배는 마침내 아플 지경이 되었다. 그때 '삶은 계란'이란 말이 최불암에게 비수처럼 꽂혔다.

'그래, 삶은 계란……!'

눈치가 빠른 당신은 글감 하나를 건졌구나 하면서 무릎을 칠 것이다. 그럼 '삶은 계란'을 영어로 옮겨보자.

계란은 알겠는데 '삶은'을 어떻게 표현하는 것이 좋을지, boiled egg 혹은 fried egg, 아무래도 마땅하지가 않다. 글쓰기에서는 지식적 접근이 얼마나 쓸모없는 일인지 모르는 이가 없을 것이다.

"Life is an egg!"

'삶은 계란'과 통하는 맥이 보일 것이다.

일단은 재미가 있으니 글감으로 선택한다면 독자들은 호기심을 가지고 당신의 글에 빠져들 것이다.

'삶은'에서 '삶'았는이 아닌 '삶'이란 — 낯설게 뒤집어 보기에 성공했다면 그 싹을 어떻게 틔울 것인가를 고민해 보게 된다.

'삶'은 아무래도 추상적일 수밖에 없다. 눈에 보이지 않는 삶이라는 본질을 작가가 아무리 잘 설명하더라도 독자는 따분해할 것이다. 그래서 작가는 가시적인 현상, 즉 아직 해석되지 않은 카오스인 달걀의 속성에서 이제까지 듣지도 보지도 못한 낯선 방법의 해석을 통하여, 궁극적으로 우리가 얻고자 하는 삶이라는 본질을 재해석하는 것이다. 즉 보이는 것, 계란을 통하여 보이지 않는 삶을 해석하고 의미를 부여하는 것이다.

이 과정에서 설득력의 키는 계란과 삶이라는 양자 사이의 동일성, 동질성 또는 유사성의 규명이다. 즉 삶과 계란의 속성에서 동질성이나 유사성을 추출하여 비유와 상징을 통하여 인간 삶의 본질적 의미를 찾을 일이다.

인간 '삶'이라는 본질을 계란의 속성에서 찾아보자.

1. 세상사 모나지 않게, 인생사 둥글둥글, 조심조심 살아

야 한다.

— 계란의 모양에서, 그리고 쉽게 깨어지는 속성에서.

2. 욕심 부리지 말고 남과 더불어 살아야 한다. 이기적 생각에서 노른자만 섭취하면 건강에 빨간신호등이 켜지는 것은 시간문제이다. 이해가 상반되는 사람들이 모여 조화로운 사회를 이룬다.

— 노른자와 흰자가 하나의 울타리 안에 들어가야 비로소 하나의 달걀이 된다. 결코 따로가 아니다.

3. 사는 동안 어떤 경우에도 열 받지 말고, 유연하게 순리대로 살아야 한다.

— 열을 받으면 세상 만물이 녹아서 다 유연해지는데 계란만은 굳어진다. 굳어진다는 것은 죽음이다.

4. 하잘것없는 삶을 산다 하더라도 당신은 존귀한 존재이니만큼 가치로운 삶을 영위해야 한다.

— 계란, 값은 싸지만 완전식품으로 가치는 높다.

5. 스스로 깨어나라. 남이 깨면 후라이, 내가 깨면 생명이요, 부활!

— 후라이가 될 것인가, 생명으로 거듭날 것인가. 내 인생

의 주인은 '나'다.

6. 가끔 옆을 돌아보라. 그러나 곧 자신이 세운 가치의 줄기로 되돌아와야 한다. 여행에서 궁극적 목적지가 집이듯이, 당신이 어떤 삶을 살든 그것은 당신 자신에게로 귀결되어야 한다.

— 타원형에 깃든 조물주의 섭리를 생각해 보라. 공처럼 둥글기만 하다면 끝간 데 없이 굴러갈 수밖에 없다. 타원형은 곧 제자리로 돌아가라는 뜻이다.

7. 당신이 아무리 발버둥을 쳐도 때맞추어 도와주는 이가 없다면 성공할 수 없다.

— 계란이 다음 생으로 이어지기 위해서는 껍질을 깨고 나와야 한다. 빈틈이 없는 계란 속에서 병아리가 꺼내달라고 껍질을 두드릴[啐] 때 어미닭이 때맞추어 쪼아[啄] 주어야 한다. 이 때 서로 엇박자가 된다면 살아남지 못한다. 이를 줄탁동시啐啄同時라 한다.

이 외에도 우리가 세상을 사는 이치와 계란의 속성 중에는 유사점이 많을 것이다.

이때 최불암이 주의해야 할 점은 큰 발견이나 한 것처럼, 지적 유희를 자랑할 양으로 사람살이와 계란의 유사성을 모두 조사하여 나열해서는 감동적인 글이 될 수 없다는 점이다. 하나의 글 속에는 하나의 주제가 들어가야 하기 때문이다.

실직이라는, 삶 속에서의 뼈저린 아픔을 계란을 통해 깨닫는 관조의 모습을 보여줄 때 문학적 완성도가 높아진다. 자신의 실직과 계란의 어떤 속성을 병치시킬 때 설득력을 가질까.

모가 난 대인관계인지, 이기적 행동 때문인지, 쉽게 열을 받아서인지, 자신의 삶의 가치를 제대로 설정하지 않아서인지, 열심히 노력했으나 줄탁동시를 하지 못해서인지, 초점이 맞춰지는 한 가지가 있을 것이다.

'붓 가는 대로'의 영향을 받아서인지 많은 수필작품들이 재미난 혹은 특별했던 이야기들을 나열하고 반성적 다짐이나 교훈이 될 만한 말로 포장을 하여 마무리한다. 이런 경우 씨앗은 그다지 나쁘지 않았다고 볼 수 있다.

중요한 것은 이 씨앗이 주제를 설명하는 데 얼마나 기여할 수 있느냐, 그리고 원하는 주제의 설득을 위해 어떻게 싹을 틔우고, 열매를 맺게 할지는 작가가 고민해야 될 일이다. 그런 고민을 즐기는 사람이 바로 글쟁이요, 수필가이다.

깨달음을 실천하는 문학

세상에 대해 무언가 생각이 넘쳐날 때 우리는 목구멍까지 올라오는 말을 삼키기 어렵다. 들려주고 싶은 말은 우리가 '본 만큼'의 세계이다. 그러나 글로 옮길 때는 현실을 점검하고 향후의 대안까지 살펴야 하는, '보려고 하는 만큼'의 세계를 적게 된다.

작품 속에서 생각했던 작가의 모습이나 삶을 들여다보면 실망을 감추지 못할 때가 많다는 이야기를 종종 듣는다. 심한 경우 문인은, 특히 수필가는 위선자이거나 이중

인격자일지도 모르겠다며 성토하는 이도 있다. 대부분의 수필에서 결론이나 주제는 자기반성적 다짐이어서 성인군자 못지않은 인격자로 생각하다가 생활을 들여다보면 평범한 이웃집 아저씨와 다를 바가 없다고 말한다.

수필 쓰기는 여자들의 화장에 비유될 수 있다. 화장품이 무엇인가. 결점을 감추는 재료이다. 자기 얼굴에 어떤 질서를 부여하느냐와 마찬가지이다. 카오스의 세계에 작가가 부여하는 질서, 즉 의미화에 따라 독자는 거부감 없이 감동이라는 터널로 기꺼이 들어가면서 작가 의도에 동참하게 된다.

수필이 문학과 예술의 하위 범주에 속하고 보면, 있는 그대로의 신상명세서나 고백록이 아니라는 점을 독자는 먼저 인지해야 한다. 즉 작품과 작가를 일치시키는 데는 무리가 따른다는 것이다. 그렇다고 수필가에겐 이중인격자나 위선자의 가능성을 감안해야 한다는 말은 더더구나 아니다.

글쓰기는 신으로부터의 축복인 동시에 쓰지 않고서는 배길 수 없는 천형이라는 말이 있다. '살기 위해 쓰는 것이 아니라 쓰기 위해 산다'는 페루의 저항작가 마리오 바르가스 요사는 군사 정부가 제안한 총리직을 거부할 정도로 글쓰기와 삶을 동일선상에 놓고 살았다. 동화작가 정채봉 역시 '피를 찍어서 글을 쓴다'고 갈파하고 있다.

수필 쓰기는 세상을 읽는 또 하나의 렌즈이다. 이때 포착된 대상은 대상 그 자체로 존재하는 것이 아니라 의미와 만나게 된다. 수필가는 새롭게 발견해낸 이 의미를 독자에게 전달하는 것으로 그 사명을 다하는 것이 아니다. 자기 삶의 변화를 수반하는 실천자가 되어야 한다.

에세이essay의 어의가 '시도하다'에 있음은 대상에 대한 평가의 시도이든, 쓰기 자체의 시도이든, 자기성찰에 따른 변화까지 시도하는 실천자여야 한다는 것이다.

깨달음에서 행동으로의 연결이 그리 쉬운 일은 아닐 것이다. 시간이 걸리더라도 종국적으로 수필가는 문학을 통하여 구도자적 실천과정에 기꺼이 삶을 던져야 하리라.

—■ 수필과지성 제3호, 2007

재미가 의미가 되는 수필

≪열린수필≫ 창간을 축하합니다.

예술의 하위 범주인 수필 역시 재현을 전제로 합니다. 작가가 본 세계만이 아니라, 보려고 하는 세계를 독자로 하여금 느낄 수 있게 써야 합니다. 그래야 수필은 단순한 쓰기가 아니라 예술 행위로서의 의미를 생산하는 문장의 문학이 됩니다.

삶이 단순히 먹고 배설하는 명줄 이어가기에 있는 것이 아니라, 어떤 의미를 담아야 할 것인가 고뇌해야 하는 것이란 점에서 삶은 수필과 맞닿아 있습니다.

좋은 수필은, 좋은 의미를 구성할 수 있는 좋은 생활에서 나옵니다.

그러나 의미의 본질 그 자체는 사람들이 이미 다 아는 사실이요, 고리타분하고, 새로울 것 없고, 무미건조한 일이기 십상입니다. 아무리 가치로운 의미라 할지라도 기록하거나 강조하면 독자들은 외면하기 마련입니다. 따라서 의미는 유추되거나 해석되어져야 합니다.

최근 우리의 생활 면면을 보면 '재미'가 그 중심선상에 있습니다.

교육의 마당에서도 유희라는 과정을 채택한 지 이미 오래입니다. '펀 마케팅'이 기업에서는 핵심전략이 되어 있습니다. 이처럼 우리 사회는 이미 재미가 의미가 되는 사회에 진입해 있습니다. 재미가 의미가 되는 학교, 재미가 의미가 되는 가정, 재미가 의미가 되는 직장, 재미가 의미가 되는 삶, 재미가 의미가 되는 노래, 재미가 의미가 되는 글쓰기, 재미가 의미가 되는 무수히 많은 것들이 있습니다.

수필 쓰기의 전략인 의미가 우리 생활에 영향을 주고, 재미가 곧 의미인 삶은 수필 쓰기에 반영됩니다. 그만큼 우리 생활의 깊숙한 곳에는 재미와 의미가 자리해 오고 있다는 사실에 주목해야 합니다.

≪열린수필≫은 제호가 시사하듯 프로추어의 무대입니다.

프로패셔널이 되기 위해서는 제도적인 '마술의 경계'를 거쳐야 합니다. 프로패셔널의 세계에서는 기성이라는 틀을 강요합니다. 그래서 아마추어가 갖는 신선함은 매장되기 일쑤입니다. 그러나 아마추어의 신선함이야말로 새로운 발전을 위한 동인입니다.

≪열린수필≫은 마술의 경계라는 폐쇄성을 지양하고, 등단작가나 비등단작가의 작품을 망라합니다. 그러나 수필 창작 정신만큼은 어떤 프로패셔널 작가 못지않아야 합니다.

'열린수필'이 '재미가 의미가 되는'을 실천하는 아름다운 삶의 현장이 되었으면 합니다. 그리고 온고이지신으로서의 정통성 지키기와 실험정신의 무대라는 상반성과 조화를 잘 소화하여 '수필과지성'으로 나아가는 훌륭한 징검다리가 되기를 기원합니다.

―■ 열린수필 창간호, 2008

書之者 不如行之者

나는
그 기차를 타고 울므로 향해 여행하였다
나는 그
기차를 타고 울므로 향해 여행하였다
나는 그 기차를
타고 울므로 향해 여행하였다
나는 그 기차를 타고
울므로 향해 여행하였다

나는 그 기차를 타고 울므로
향해 여행하였다
나는 그 기차를 타고 울므로 향해
여행하였다
나는 그 기차를 타고 울므로 향해 여행하였다

이제 나는 울므에 있다
나는 무엇을 해야 하나?

코체비츠의 「울므로 가는 여정」이란 시입니다. 글쓰기는 작가에게 목숨이 붙어있는 한 현재진행형입니다. 시시각각 변화무상한 세상에서 대상을 제대로 읽고 새롭게 쓴다는 것은 참으로 어려운 일입니다. 그러나 다행스러운 것은 우리가 추구하는 것은 정답이 아니라 다양함 속에서 새로운 발견, 새로운 해석을 통한 의미의 발견입니다. 그 의미를 통하여 우리의 삶은 보다 윤택하게 가꾸어지고, 글쓰기의 묘미는 배가되는 것입니다.

수필가는 역학자易學者입니다. 모자라는 부분은 채우고,

넘치는 부분은 깎아내는 철저한 삶의 해석자입니다. 우리의 삶에서 느슨해진 나사를 조이듯 나날이 자기를 성찰해야 합니다. 특히 슬픔과 고통, 이별 등 우리가 살아가면서 회피하고 싶은 것들을 기꺼이 수용하고 승화시킬 줄 아는 낮은 자세를 가져야 합니다.

그리고 제호에서 밝힌 '열린수필'은 붓 가는 대로, 안일하게 쓰는 작가에게 문이 넓게 열렸다는 게 아닙니다. 보다 실험적인, 보다 새로워지려는 노력을 아끼지 않는 수필가를 위한 마당입니다. 열려 있으나 결코 넓지 않은, 아무 작가에게나 열리지 않는 실험정신 가득한 수필로 채워야 할 것입니다.

논어에서 공자는 '알기만 하는 사람은 좋아하는 사람만 못하고, 좋아하기만 하는 사람은 즐기는 사람만 못하다[知之者 不如好之者 好之者 不如樂之者]고 하였습니다. 수필쓰기에서 덧붙인다면 즐기기만 하는 사람은 깨닫는 사람만 못합니다. 깨닫는 사람은 쓰는 사람만 못하고, 쓰는 사람은 행하는 사람만 못하다[樂之者 不如覺之者 覺之者 不如書之者 書之者 不如行之者] 할 수 있겠지요.

최근 수필교실이 많이 생겨나고 있는 것은 수필계를 위해 바람직한 일이라 여겨집니다. 하지만 등단에 연연하거나, 말로만 수필을 사랑한다고 떠드는 일은 경계해야 합니다. 구도자처럼 자신을 성찰하는 작가, 깨달음의 수필가, 행동하는 수필가가 되어야 하겠습니다.

—■ 열린수필 제2호, 2009

함께 가는 길

≪열린수필≫은 제호에서 밝혔듯이, 이미 문단에서 호평을 받으면서 문필활동을 하는 중견 작가분들의 글과 이제 첫발을 딛는 새내기들의 신선하고 발랄한, 조금은 도전적인 글도 함께 싣습니다.

돌고 돌아서 어렵게 수필의 길에 입문하신 분들의 글이 많습니다.

생업의 전선에서, 자리를 잡을 때까지 글쓰기는 잠시 후순위로 미루어 두셨겠지요. 결혼을 하고, 자녀를 낳고,

잠시 미루어 두었던 글쓰기가 삶의 한가운데에서 좀체 앞으로 나서지 못했습니다. 지금 컴퓨터 자판을 두드리고 있습니다만 당신은 언제고 글쓰기보다 급한 일이 생겨 컴퓨터를 꺼야 할지도 모릅니다.

오랫동안 갈망해 오던 글쓰기이건만 글쓰기에 대해 공부하면 할수록 자신의 글은 더 초라하게 느껴질 것입니다. 이것도 글이 될까 하는 자괴감마저 들기도 합니다. 학습을 통해 눈높이가 높아졌기 때문이라고 해도, 수긍은 잠시이고 주저앉고 싶을 때가 더 많을 것입니다. 잠시 글에서 손을 놓으니 이만큼 편할 데가 없습니다. 하지만 며칠이 지나면 밀려오는 허전함은 글쓰기의 고통에 비할 바가 못 됩니다.

막상 쓰려니 자신을 드러내는 일이 왜 그리 어렵습니까. 글을 살리자니 나를 벗겨야 하고, 때로는 가족이나 이웃을 좋지 못한 사람으로 만천하에 공개하는 일인 것 같아 마음이 편치 않습니다. 수필은 사실의 전사가 아닙니다. 주제를 살려줄 만한 체험의 한 단면을 마중물로 하여 삶을 해석하고, 나름 세상에 대해 의미를 부여했는데도 위선적인 글을 쓴 것은 아닌가 하는 마음도 떨쳐버릴 수가 없습니다.

어설픈 글이라도 한 편 써놓고 나면 마음은 후련하지만 발표를 하려니 께름칙하게 느껴집니다. 이리저리 사람들의 마음을 다치게 할지도 모른다는 생각이 들기도 합니다. 그리고 무엇보다도 아직 나의 글을 세상에 내보내기에는 너무나 부족하다고 느끼는 이들이 많습니다. 모두가 과정이라 생각하시고 한 발 한 발 내디디십시오. 그런 계단을 밟지 않고 바로 정상에 닿을 수는 없으니까요.

좋은 작가가 되기 위해서는 글쓰기를 인생의 1순위에 두셔야 합니다.

글쓰기는 우선 세상을 바르게 읽는 것을 전제합니다. 그래야 자신이 읽은 대상에 대하여 제대로 가치와 질서를 부여할 수 있겠지요. 그리고 세상 속에서 조화로운 삶을 살 수 있을 것입니다. 글쓰기를 삶의 1순위에 두셔야 하는 연유입니다.

글쓰기의 눈으로 세상을 바라보면 급한 것, 중요한 것, 그리고 우선순위가 눈에 보입니다. 글쓰기는 나의 삶을 변화시키고, 나의 삶은 또 좋은 글을 생산해낼 것입니다.

여기에 발표된 작품이 제대로 화장된 글은 아닐지도 모릅니다. 아니 세상에는 완벽한 것은 없겠지요. 현재의 모습에서 그 작가의 미래를 읽지 마십시오. 그리고 나를 현재의 모습으로 자리매김하지도 마십시오. 모든 것은 과정에 불과합니다. 원컨대 텍스트 속에 웅크린 진솔한 메시지에 귀와 가슴을 여십시오. 앞으로 어떤 변화와 발전을 가져올지 지켜보아 주시기 바랍니다.

우리는 멀리 가려고, 기꺼이 함께 가고 있습니다.

—■ 열린수필 제3호, 2010

왜 초심이어야 하는가

초심을 잃지 않아야 한다.

성취의 문턱을 넘나들거나 이미 도달하여 안주하는 사람들이 흔히 듣는 말이다. 도대체 초심에는 어떤 신비의 힘이 있는가. 그리고 문학인들에게 초심은 어떤 의미를 갖는가.

글쓰기는 깨닫는 데서부터 시작한다.

전과 다른 그 무엇, 발견의 기쁨이야말로 글쓰기의 무한한 에너지이다. 한 시대를 관통하는 사상에는 이르지 못하더라도 나름 독창성을 갖는다. 글 속에는 그 희열을 독자에게 깨우치려는 작가의 의지가 담긴다. 깨달음도 풀어놓고 보면 인간 삶의 한 부분이지, 결코 새로울 것이 없을지도 모른다. 독자는 작가가 진지하고 심오하게 깨달았던 철학에는 좀체 관심을 보이지 않는다. 이를 어떻게 심미적으로 정서화하여 감동과 재미를 유발할 것인가, 작가의 고민은 깊어질 수밖에 없다.

이른바 교시성이냐 쾌락성이냐, 혹은 그 비중과 균형을 어떻게 조정할 것인가를 두고 문학청년 시절 이후 지금까지 수도 없이 고심했을 것이다. 모두 독자에 대한 배려인 것이다.

글을 오래 쓰다 보면 가슴으로 느껴지는 감동보다 머리로 글을 짜 맞추어야 할 때가 있다. 매너리즘에 빠진 것이다. 딱히 건질 만한 감동도 없고, 그만큼 글도 삶도 신선할 게 없어서이다. 이러한 때 초심으로 돌아가야 한다. 삶 속에서도 최선을 다하였지만 무언가 잘못이 발견되면 어디에서부터 단추를 잘못 끼웠는지 피드백을 실시한다. 글쓰기에서는 초심으로 돌아가는 것이 가장 확실한 방법이다.

작가가 빠지기 쉬운 오류 중 하나가 자신도 모르는 사이에 권위적이 되어 간다는 것이다. 말에, 목에 힘이 들어갈 때 글의 진정성은 그만큼 훼손되기 쉽다. 야구 선수가 공을 멀리 보내려고 할 때 힘을 빼야 한다. 힘주어 제대로 될 일은 없다. 글 또한 마찬가지다. 하심으로 내려서야 글은 진정성으로 가득 차는 것이다.

초심을 잃지 않는다는 것은 동심의 눈을 간직한다는 뜻이다.

많은 문학청년들을 만난다. 문학 입문기의 싱그러웠던 그 순수는 왜 바래지는가. 결혼 승낙을 앞둔 신랑신부처럼, 세상에 첫발 내딛는 아가처럼 호기심과 설렘으로 빛났던 문청들의 아름다운 모습은 세월이 흘러도 내 가슴속에서 지워지지 않는다. 거기에서 우러나온 향기의 근원은 세상에 대한 따뜻한 시선과 겸손이었을 것이다. 문학인의 길을 걸으면서 이 아름다움은 계속 빛나야 할 것이지만, 세상 때는 어쩔 수 없나 보다. 나 역시도 문청시절의 풋풋함을 잃은 지 오래이다.

이해관계와 욕심, 교만이 가득 찬 눈으로는 세상 속에

깃든 아름다운 진실을 볼 수 없다.

초심에는 부드럽지만 무한한 에너지가 내재되어 있다. 아스팔트 포장을 뚫고 올라오는 새싹의 힘을 보라. 폭발력 넘치는 생체에너지를 느낄 것이다. 작가는 글쓰기에 입문할 때의 그 에너지를 잊지 말아야 할 것이며, 끝까지 이어나가야 한다.

초심으로 돌아가, 더 낮은 곳으로 시선을 둘 때 세상은 새롭게 보일 것이다. 그리고 우리는 영원한 문학청년으로 거듭 태어나는 것이다.

—■ 열린수필 제4호, 2011

한국인, 한국어

“버스에서도 레스토랑에서도 만나게 되는 사람은 다 한국인이고, 그들이 쓰는 언어도 한국어 하나뿐이어요!”

수 년 전 한국에 처음 다니러 온 미국 이민자의 손자가 신기해했다.

우리가 어렸던 시절만 해도 한국인은 한민족, 한민족은 한국인이란 등식이 성립되었다. 그때 자연스레 사용했던 ‘살색’은 이제 개념을 잃어버렸다. 국제결혼으로 다문화 가정이 생겨나고, 코리안 드림을 좇아온 근로자와 유학생들로 한국에서의 '살색'은 모자이크가 된 지 이미 오래되었다.

출산율 저하에서 오는 부작용을 해소하기 위해서는 이민정책을 적극 펴야 한다는 주장도 제기되고 있다. 한국인이라고 다 같은 피부색이 아니요, 한국어를 모국어로 하지 않는 사람도 있으며 앞으로 그 숫자는 늘어나게 될 것이다. 그러면 '한국인'의 정체성은 어디에서 찾아야 할까.

어느 나라든 국어가 있고, 국어교육에 관한 정책이 있다. 한국인이라면 피부색이 어떠하든 한국어를 구사할 수 있어야 한다. 한국어는 단순히 한국인끼리의 소통을 위한 도구가 아니라, 한국 사회의 문화를 담아내고 한국인으로서의 사고의 틀을 형성함으로써 사회통합을 이루어 내기 때문이다.

인터넷과 같은 통신기술의 발달로 지적 저작물과 온갖 정보의 대부분이 영어로 전파되는 현실을 감안하더라도, 우리가 영어교육에 들이는 공에 비한다면 국어교육은 낭떠러지로 내몰려 있다 해도 과언이 아니다.

학교 교육에서의 국어교육 미흡과 국가기관, 사회에서

의 국어 방치는 한국인으로서의 정체성 확보를 위해서나, 사회통합을 위해서나 결코 바람직하지 못하다.

한때 말을 하거나 글을 쓸 때 외국어를 혼용하면 국가관이 부족하여 우리말을 오염시키는 비교양적 행위로 받아들여진 적이 있다. 하지만 지금은 국가기관이나 공기업 스스로가 한글을 훼손시키고 있다.

일어서自! (서울의 버스나 전철역에 부착된 광고문)

중소 企UP (서울도시철도공사의 광고문)

스타夜놀자! (서울동물원의 광고문)

중랑천愛 놀자 (중랑천 광고문)

이 정도는 한국인의 지적 수준이 높으니 애교로 보아줄 수도 있다. 번뜩이는 기지를 살 만하다는 뜻이다. "自動車자동차 engine 엔진 ちょうし죠시 좋다."와 같이 4개국어를 섞어 써도 전혀 어색하지가 않을 정도로 한국어는 외국어와의 혼용이 자연스러워 외국어에 의해 훼손되기 쉬운 언어다. 한국어의 순화와 사용에 모범을 보여야 할 국가기관으로서는 좀 더 신중하게 고려했어야 하지 않을까. 기발함, 표현의 자유를 광고에서까지 간섭하는 것은 심할 수도 있다 치자.

하지만 최근 세운 광화문 광장의 세종대왕 동상 뒤편의 꽃밭을 '플라워 카펫'이라 이름한 서울시의 행태는 지나치다 하지 않을 수 없다.

홈리스homeless는 물론 어반 테라스urban terrace, 트라이아웃센터tryout center, 시니어 패스senior pass, 문탠로드moon-tan road, 마린시티marine city 등의 생소한 외국어를 국가기관에서 행정용어로 사용하고 있는데 문제라 아니할 수 없다. 대학원을 나오고 박사라 하더라도 무슨 소린지 얼른 감이 잡히지 않을 것이다.

'시니어 패스'보다야 '어르신 교통카드'가 훨씬 이해하기 좋은 말이 아닌가. '타슈'는 외국어처럼 들릴지도 모른다. '타십시오.'란 뜻의 충청도 사투리로 대전시가 시민들에게 무상으로 대여하는 자전거를 이른다. 무분별한 외국어나 외래어보다 우리말이 품위가 있다. 국가기관이나 공기업에 종사하는 분들은 광고 문안을 쓸 때나, 새로운 제도나 용어를 만들 때 아름다우면서 이해하기 쉬운 우리말을 사용하도록 노력해야 할 것이다.

자신의 문자를 가진 언어가 세계에서 몇이나 되랴. 세계에서 가장 과학적인 한글과 함께 한국어를 사랑하는 일은 한국인의 책무다. 한글과 국어의 바른 사용에 공공기관이 앞장서 줄 것을 당부한다. 한국인으로서의 정체성을 기르기 위한 어떤 교육보다 효과가 크기 때문이다.

—■ 문장 제11호, 2009 겨울.

우리는 모국인인가

1960년대 재치문답이라는 라디오 교양오락프로그램이 있었다.

매주 일요일 저녁 황금시간대인 7,8시에 편성된 것만 보더라도 이 프로그램이 얼마나 국민들에게 인기가 있었는지 짐작하게 된다. 온 국민들을 라디오 앞에 불러 앉힌 이 프로그램에는 왕수영 박사를 비롯한 한국남 박사, 엄익채 박사, 안의섭 박사 등 재치박사들이 출연하여 우문현답, 천문만답, 재치문답, 공통점이나 상이점 찾기, 시조

놀이, 'A는 B라 푼다'와 같은 재치있는 정의 내리기 등 위트와 유머가 넘치는 국민 프로그램이었다.

나는 유년 시절 이 재치문답을 즐겨 들으면서 이 프로그램에 나오는 재치박사들을 한 번쯤 만나고 싶었다.

나를 매료시켰던 그 왕 선생이, 시집 『조국의 우표에는 언제나 눈물이』로 1996년 이상화시인상 수상을 위해 대구에 왔을 때, 난 선생을 처음 대면하게 되었다. 문단 말석을 차지한 때인지라 원로 선배들을 제치고 별도로 이야기를 나눌 기회가 없었다.

수 년 전 일본 나까하라 시인이 소개하는 왕수영 시인의 시 「고아」는 나에게 큰 감동을 주었다.

'아이를 낳았다고 어머니가 아니라, 모국어를 가르쳐야만 어머니'란 말이 비수처럼 나의 가슴에 와 닿았다. 모국어를 가르치고 싶어도 가르칠 수 없게 만든 그 사회의 장본인이라 할 수 있는 일본인, 그들 가운데 한 지성인이 전하는 그 아이러니에 내 귀가 더 번쩍 뜨였는지도 모른다.

얼마 전 일본 미야자키의 미나미 쿠니카즈 시인이 이끄는 신라문화탐방단 31명과 동경에서 온 왕수영 시인,

나까하라 시인 일행 4명, 그리고 한국의 문인들이 대구서부도서관에서 한일문학교류모임을 가졌다. 미나미 시인과 나까하라 시인은 일본 문인들을 대동하고 자주 한국을 방문, 한일문화교류의 가교 역할을 하는 분들이다. 그분들의 영향으로 지금 미야자키에서는 한국어 학습 열풍이 일고 있다. 이 날 참석한 분들 중에는 그간 배운 한국어 실력을 나에게서 확인해 보는 자리가 되기도 했다.

나는 외국인들이 한국어에 관심을 가질 때 정말이지 신이 난다. 그래서 학창 시절 펜팔을 하던 미국의 여학생에게 편지로 한국어를 가르쳐주기도 했다. LA나 시카고에서 현대자동차를 타는 미국인을 보면 반갑고 기쁘지만, 한국어를 구사할 줄 아는 미국인을 보면 더하여 존경스럽기까지 했다.

수 년 전 재불 한국여류화가와 국내 문학기행을 한 적이 있다. 일행 중의 지인에 불과하여 동참할 범위 안의 인사는 아니었지만 그녀는 문인들의 행사라 염치불고하고 따라 붙었다고 못내 미안한 표정을 감추지 못했다. 이동 중에 자신에게 마이크가 돌아가자 그녀는 파리 유학길에

눌러 앉아 현지에서 아이 낳고 근 20년 동안 파리에서 생활하다가 처음으로 고국을 방문했다고 자신을 소개했다. 여섯살짜리 딸아이를 데리고 파리의 백화점 쇼핑 중에 한국에서 관광 온 여대생 2명을 만났다고 했다. 그들과 인사를 트지는 않았지만, 그들이 나누는 한국어를 듣기 위해 징징거리는 아이를 안고 세 시간이 넘는 동안 그들을 따라다녔다고 털어 놓았다. 모국어가 고파서.

한국어, 그것은 단순한 의사교환 수단으로서의 언어를 넘어, 그 속에는 한국인의 얼과 문화가 담겨 있다. 그래서 외국에 나가 있는 한국인들은 항상 모국어가 고픈 것이다. 나를 아우라 불러주는 왕수영 누님처럼 '조국의 우표에는 언제나 눈물이' 글썽이게 하는지도 모른다.

우리 한국어 교육에도 많은 예산이 투입되어야 하고 정책적 배려가 뒤따라야 한다. 우리 아이들이 일찍부터 영어학습프로그램에 더 많은 흥미를 느끼고 영어식 사고에 익숙해진다면 우리 아이들의 모국어를 과연 한국어라 할 수 있을까.

한국어 학습 프로그램도 많이 개발되어야 한다. 국내

어린이를 위한 프로그램은 물론 재외국민들의 자제를 위한 프로그램, 외국인 어린이나 성인을 위한 프로그램 등 전문적이고 체계적인 프로그램을 마련한다면 한국의 역사나 뿌리, 그간 왜곡되었던 한국을 세계에 바로 알리는 좋은 계기가 될 것이다. 또 이는 한국의 브랜드 가치를 높여 투자비에 비해 훨씬 더 큰 국익을 가져올 것이다.

차제에 한국어 학자들도 한국어를 한국 내에서만 사용하는 언어가 아니라, 문법의 체계를 단순화하고 과학적으로 법칙화 하여 한국어를 외국인이 쉽게 배우고 활용할 수 있도록 연구하여야 할 것이다.

모국에 살아서 모국인이 아니라 모국어를 지키고 빛냈기에 모국인이라고, 우리가 이제 재외국민들에게 답할 차례가 된 것 같다.

—■ 문장 제15호, 2010 겨울.

문장화국文章和國

문학이 밥이 되는가?

글 쓰는 이들로부터 흔히 듣는 이야기다. 글을 쓰는 행위는 작가가 신으로부터 부여받은 축복인 동시에 쓰지 않고는 버틸 수 없는 천형이다. 시나 수필이 비록 한 끼의 양식이나 옷가지로 교환될 수는 없을지라도 많은 이들이 여전히 글을 쓰고 있다.

시계를 돌려 1939년의 한반도로 돌아가 본다.

일제의 수탈과 민족문화 말살정책이 극으로 치닫고 있

다. 동년 2월 1일 이런 와중에 ≪문장≫이 탄생한다. 문단 밖의 사업가인 김연만 선생이 출자를 하여 발행인을 맡고, 친구인 상허 이태준 선생이 주간을, 정지용 선생이 시 분야 책임편집을 맡는다.

≪문장≫은 순수 문학을 지향하면서 창작뿐만 아니라 「한중록」 등의 민족문학을 발굴하고, 새로운 문예사조를 소개하였으며 신인 배출에도 힘써 박목월, 박두진, 조지훈 등의 시인, 김상옥 이호우 등의 시조시인, 최태웅, 곽하신 등의 소설가를 배출하여 한국문학의 새 지평을 여는 데 크게 기여하였다.

1941년 4월 일제의 조선어 일어 혼용 지시를 받아들이지 않고 통권 26호를 마지막으로 자진 폐간했으며 1948년 10월엔 정지용이 속간을 도모하였으나 한 호를 내고 다시 막을 내렸다.

솔직히 우리는 문장 1세대라 부를 수 있는 그 분들과 아무런 연결고리가 없다. 그리고 그분들을 따라가기엔 족탈불급이라는 사실을 인정한다. 하지만 그들이 일구어 놓은 문학의 텃밭에서 우리는 기꺼이 문장 제2세대를 자임

하며 새로이 문학의 씨앗을 뿌리려 한다.

문학 환경이나 우리의 경제 규모가 그때와는 판이하게 달라져 있다. 그럼에도 문학의 언저리는 여전히 돈줄과는 상당한 거리에 놓여 있어 앞서의 '문학은 밥이 될 수 있는가.'란 화두는 우리에게도 절박한 현실이다.

문학은 책을 매개로 표현되고 전달된다.

거개의 사람들이 껌 한 통, 술 한 사발에는 고맙다는 말을 아끼지 않으면서 유독 책에 대해서는 아직 공으로 취하겠다는 의식을 갖고 있다. 오랜만에 만나는 지인들이 몇 만 원을 들여 술밥은 쉽게 사고 싫다는 술은 권하면서도 문학지나 책 앞에서는 아예 손사래를 친다. 책을 만드는 입장에서는 참으로 야속하다. 책에 대한 인심은 왜 이리도 야박한지! 서책을 귀히 여긴 나머지 책 도둑은 도둑이 아니라는 해석이 엉뚱하게도 책만큼은 날로 먹어도 된다는 심사가 오랫동안 우리의 의식을 지배한 탓이라 스스로를 위로한다.

책이나 잡지의 상품 가치를 생각해 본다.

사람들은 책이 언제 어디서나 비슷한 교환가치를 유지

하는 재화가 아니라는 점을 잘 알고 있다. 왜 그들은 책이나 잡지가 갖는 상품으로서의 교환가치 너머에 있는 효용가치를 보려 하지 않을까.

많은 책들이 다수의 사람들에게 효용가치로 다가가지 못한 현실을 출판인이나 문인들은 돌이켜 보았어야 하리라. 문학작품의 발표가 발표 행위 자체에 머물렀기에 많은 독자들의 의식 속에 책은 아무것과도 교환할 수 없는 폐지 덩이라는 인식이 팽배해 있을지도 모른다.

≪문장≫은 효용가치 100%로 독자에게 다가가고자 한다.

이백이나 두보의 시대엔 80%의 사람들이 시인이었다고 한다. 모르긴 해도 시를 짓는 사람은 2,30%, 그 나머지는 시를 이해하고 생활 속에서 시를 즐기는 사람이 아니었을까 생각해 본다. 모든 국민이 시인이 될 필요는 없지만 모든 국민이 시적 감동으로 살아갔으면 좋겠다.

≪문장≫은 시인, 작가를 존중한다.

그리고 삶 자체가 시요 문학인 사람을 더 존경한다. ≪문장≫의 존재 의의 또한 이 같은 맥락의 선상에 있음을 밝힌다. 그리고 모든 사람이 문학의 울타리 안에서 삶을 꽃피우기를 원한다.

≪문장≫은 문학으로 세상을 밝히는 데 작은 보탬이 되고자 한다.

—■ 문장 제2호, 2007 가을.

울타리를 걷어라

전임 대통령의 조문정국으로 온 나라가 시끄러운 때에 이 글이 오히려 세상을 어지럽히는 데 일조를 할까 적이 두렵다.

친노, 친이, 친박 그룹에 몸담은 이들이여! 울타리를 박차고 나오라. 세상은 지금, 보다 작은 것으로 나누어지는 것이 아니라, 서로 다른 것일지라도 힘을 합쳐 융합의 길로 나아가고 있지 않은가.

영남과 호남은 엄연히 존재하는 지역이다. 정치인들이

표에 안주하려고 대중을 선동하여 지역감정을 조장하였다. 지역정서가 왜 감정이 되고, 부정적으로 작용하여야 하는가. 작은 나라 안이지만 지역마다 고유한 풍토와 문화에 따라 감정 또한 다른 것은 지극히 당연한 일 아닌가. 많은 나라에서 고개를 끄덕이는 일이 '예스'의 의사표시이지만 터키에서는 '노우'의 의사표시이다. 그렇다고 어느 것이 틀리고 나쁜 일은 아니다. 다만 다를 뿐이다.

광주에서 손위 또는 남편에게 호칭할 수 있는 '자네'를 경상도에서는 친구나 손아래 사람에게만 사용할 수 있다고 해서 어느 쪽이 그르다 할 수 없다. 이 역시 다를 뿐이다.

엄연히 다른 것을 두고 옳다 그르다, 좋다 나쁘다의 흑백 논리 속으로 끌어들이는 것은 정치인들이 민주주의라는 감언이설로 편을 가르려는 못된 의도이다. 특정인물의 우산 아래에서 떡고물이라도 떨어질까, 아님 자신의 영달에 작은 발판이라도 붙잡을까 노심초사하는 못난 이들의 지각없는 부화뇌동이 작용하기 때문이다.

영남에서는 한때 반DJ 비YS 정서에 힘입어 JP가 국회

의원 선거에서 거의 싹쓸이를 한 적이 있다. 3김의 입김이 사라지는가 했더니 다음 세대에서는 지역정서를 업고 다시 친노, 친이, 친박의 패거리로 나누어졌다.

이들 역시 세상을 다른 것으로 받아들이는 것이 아니라 친이의 입장에서는 노나 박을, 친노의 입장에서는 이나 박을, 그리고 친박의 입장에서는 노나 이의 생각은 무조건 틀린 것으로 매도한다.

어느 대학 총장의 회고담이다.

교육열이 높은 아버지 덕분에 중학교 때 대처로 나와 자취를 하게 되었다. 갑작스런 자유를 만끽하며 한 한기를 신나게 보냈건만 성적표를 받으니 61명 중 61등. 그때 유행하던 잉크 지우개 덕분에 석차를 1/61로 고쳐서 아버지에게 성적표를 밀었다. 며칠 후 그가 외출에서 돌아오니 집에서 잔치가 벌어졌다. 아버지가 한 마리뿐인 소를 잡아 동네 사람들에게 아들의 1등을 축하하는 잔치를 하였다는 것이다. 아들이 이후 어떻게 살았는지는 자명한 일이다.

그 아버지가 아들이 얻은 성적을 보고 결코 1등감이 아님을 알았음에도 아비를 실망시키지 않으려는 아들의 갸륵한 마음씨만을 높이 사서 잔치를 베풀었을 것이다. 저의가 아닌 진심을 읽었기 때문이다.

친노, 친이, 친박 들이여!

저의를 숨기지도, 읽으려 하지도 말지어다. 무조건 버려라!

오로지 진심만을 이야기하고, 진심을 받아들이라!

나와 너는 다를 뿐이다. ㅏ가 ㅓ로, ㅓ가 ㅏ로 바뀌는 순간 나는 너가, 너는 나가 될 수 있다. 나와 너는 우리가 된다. 나쁜 너와는 영영 손을 잡을 수 없다. 하지만, 지금은 생각이 달라도 언젠가는 같은 생각으로 뭉칠 수도 있으리라. 친 아무개의 울타리를 걷고, 보다 큰 우리 속으로 들어오라. 함께 구호를 외치고 있는 우리 안의 사람들보다 훨씬 더 많은, 침묵하는 우리가 그대들의 우리 밖에 있음을 직시하시라.

—■ 문장 제9호, 2009 여름.

춘래불사춘

지난겨울은 유난히 춥고 길었다.

지구온난화의 부작용 덕이라도 기대했건만 수은주는 연일 영하 1,20십 도를 밑돌았고 삼한사온마저 실종되었다. 그 혹한을 이겨내고 매화가 봉오리를 터트릴 태세다. 개울에는 얼음장 밑으로 물 흐르는 소리가 들린다. 도저히 올 것 같지 않던 봄의 손짓이 느껴진다. 곧 매화 향기 사방에 휘날리고, 남으로부터 꽃소식이 북상할 것이다.

봄비가 언 땅을 녹이고, 봄꽃이 만발해도 봄을 빼앗긴

이들이 있다. 그들의 겨울은 유난히 추웠다. 복수초보다 두 달이나 더 빨리 고개를 내밀어야 했던 그들은 영영 추위에 갇히고 말 것인가. 제도의 희생자, 그들은 바로 신춘문예 낙방생들이다. 혹한에 고개를 내밀었다가 끝내 꺾일지도 모른다는 것을 예측하지 못한 바는 아니겠지만 그들은 후속 추위에 더 질려 있다.

신춘문예는 1920년대 문학시장과 문단이 형성되려던 시기에 역량있는 신인작가를 적극적으로 발굴하기 위한 등단제도 중의 하나이다. 1914년 12월 10일자 '매일신보'의 신춘문예모집을 필두로 '동아'와 '조선'이 각각 1925년과 1928년 신춘문예를 실시한 이래 지금은 20여 개의 신문사에서 경쟁적으로 실시하고 있다.

기성 선배문인들이 만든 틀에 갇히지 않고 전통적인 형식을 파괴하면서 새로운 반란을 시도하라.

새해 첫날 도하 신문들은 약속이나 한 듯이 몇 개의 지면을 신춘문예 당선작과 심사평, 당선소감으로 도배를 한다. 신문에 따라서는 새해 이삼 일 동안은 이런 당선작 퍼레이드가 지속된다.

신춘문예는 문청이나 문학소녀들에게는 물론, 삶의 의미를 돌아보게 되는 중년들에게 문학의 렌즈로 자신의 삶을 반추해보게 한다. 이렇게 국민들에게 문학에의 향수를 지속적으로 불러일으키고 있는 신춘문예는 대중문화의 범람 속에서 문학의 위상을 지키는 일에 크게 기여해 왔다. 뿐만 아니라 문학 지망생들에게는 우리 문학의 향방을 가늠할 수 있게 해왔다. 그리고 많은 신춘문예 출신 작가들이 한국문단에서 그 역량을 충분히 발휘하고 있다.

그러나 '신춘문예 한 세기'를 눈앞에 둔 시점에서 새로운 방향을 모색해보는 것도 나쁘지는 않을 것이다.

신춘문예는 거의 한 세기 동안이나 성공적인 흥행을 이어왔으며 앞으로 이 기세는 좀처럼 꺾일 기미를 보이지 않는다. 하지만 심사에 있어서 넉넉한 시간으로 작품 하나하나에 대해 충분히 고심할 수 있었을까 하는 문제를 제기하지 않을 수 없다. 그 많은 작품 중에서 주마간산으로 줄 세우기를 통해 한 편을 뽑는 일이 과연 계량적으로 가능한 일일까. 예심제도를 운용한다고 할지라도 선자의 기호가 작품을 뽑는 데 작용하지 않을 수는 없다.

심사의 공정을 기하기 위해 심사위원은 추후 발표한다고 하면서 연년 같은 사람으로 하거나, 한 사람이 두셋 혹은 서너 매체의 심사를 하는 경우도 있다. 과연 새로운 바람, 다양성을 기대할 수 있을지 의문이다.

신춘문예에도 재수 삼수를 일삼다 보면 소위 신춘문예용 작품에 매달리게 된다. 이는 오히려 신진작가의 앞날을 크게 망치는 일이기도 하다.

낙방자들이여!

화려하게 등단했지만 발표지면이 없어서 등단과 동시에 사라져야 하거나 문단의 미아가 되는 이들을 보라. 뿐만 아니라 화려한 등장이 이후 작품 활동에서 크나큰 부담으로 작용하여 아예 더 이상 창작활동을 지속하지 못하는 경우도 비일비재하다.

도저히 승복할 수 없는 패배라 여겨진다면 한 번 더 웅크리시라. 아니면 당신에게 걸맞는 패기와 실험정신을 최대한 살려 자신의 길을 가시라. 신춘문예는 당신의 문학에서 한 번쯤 겨뤄볼 장은 되지만 목표는 아니다.

문인들의 방담에서 들은 이야기다. 노벨문학상 수상자

들이 한국과 같은 신춘문예 풍토에서라면 과연 노벨상을 받을 수 있었을까. 새겨들을 일이다. 당신의 발뒤꿈치에서 서성이고 있는 문학의 봄을 결코 놓치지 마시라.

—■ 문장 제12호, 2010 봄.

문학 인구의 팽창, 어떻게 볼 것인가

문단의 팽창에 대하여 곱지 않은 시선을 느끼는 사람이 안팎으로 많다. 물론 문단에 대한 애정어린 충정으로 볼 수 있지만, 문학 인구의 증가는 어디에 기인하며 앞으로 문단에서 어떤 노력을 기울여야 할지 고민해야 할 시점에 와 있다.

미디어 환경의 급속한 변화로 활자의 종언, 문학의 종언이 제기된 것이 오래 전의 일이며, 지금도 거기에 생각을 같이하는 사람들이 많다. 범람하는 영상물의 홍수, 인터넷과 통신, TV 등의 융합 속에서 활자가 설 자리와 기능은 점차 위축되어 가고 있는 것이 현실이다.

그럼에도 불구하고 문학 인구는 팽창일로에 있다. 시인 또는 수필가라는 문패를 걸려는 사람, 문학판에 뼈를 묻겠다는 그들이 진정 원하는 바는 무엇일까.

IMF와 글로벌리즘이 우리에게 가져다준 가장 큰 관심사는 경쟁력이었다. 그 경쟁력의 위력 앞에서 약육강식이 도처에서 무자비하게 이루어지고 있다. 독립채산제, 성과급이란 미명으로 실직, 빈곤층으로 내몰리는 이웃이 얼마나 많았던가. 반면에 이들을 비웃기라도 하듯 경쟁력 높은 집단으로 줄 하나 잘 선 이유로 IMF 이전보다 훨씬 더 누리며 위기 속에서 기회를 얻은 이들 또한 많다. 이러한 줄긋기 현상은 얼마나 더 지속될지 아무도 장담할 수 없다.

내 이익을 나누어 더 큰 공동이익을 추구하기보다는 불안한 미래를 앞세워 자신의 이익 지키기에만 급급하다. 현실에 안주하려는 현상은 생존의 장에서만 아니라 문화공동체에서조차 진입장벽을 높이 쌓아야 한다고 목소리를 높이고 있다. 약자를 위한 공간은 어디에도 없다.

수많은 기업이나 대학의 학과들이 통폐합되었거나, 지금도 사라져가고 있다. 숲에서 작은 나무, 심지어 풀뿌리들이 사라지고 난 뒤에 큰 나무들만 남았을 때를 가상해본다. 강한 비바람이 몰아치면 어떻게 될까. 그 큰 나무들을 지켜주고 있는 것은 힘센 자신이 아니라 이름 모를 잡풀과 거목이 거느리고 있는 작은 나무들의 뿌리이다. 당장 취업이라는 현실의 관문 앞에서 경쟁력이 낮다는 이유로 대부분의 대학에서 인문학 교육은 고사상태를 면치 못하고 있다.

그러나 상아탑 바깥에서는 인문학 강좌가 붐을 이루고 있다. 인간과 사회를 이해하는 데 보다 깊은, 보다 넓은 통찰 위에서 급변하는 현대사회를 살아가고자 하는 사람들의 소박한 바람에서 그 원인을 찾을 수 있을 것이다. 아무리 시대가 급변하더라도 문·사·철을 통하여 그 시대에 맞게 재해석하는 과정을 밟음으로써 현대사회에 유연하게 대처해 나갈 수 있다고 믿는 것이다.

수강자 스스로가 고액의 수강료를 부담해야 하지만 이

런 강좌가 넘쳐나는 이유는 무엇일까. 물론 2-30대보다는 4-50대의 중년들에게 인기가 있다. 이들 역시 대학에서 충족받지 못한 인문학의 갈증을 사회생활에서 크게 느꼈기 때문이다. 당장 직장을 얻는 데는 전문지식이 필요했지만 구성원들과 보다 행복하게 살기 위해서는 이웃과 잘 소통해야 하고, 통찰의 지혜, 화합의 지혜를 얻기 위해서는 인문학이 절실히 필요하다는 것을 깨달은 것이다.

문학 강좌 또한 인문학 강좌처럼 제도권 학교 교육에서는 소홀히 다루어져 왔다. 문인의 양산을 문예창작교실과 문예지의 출현으로 보고 있는 사람들이 많다. 물론 틀린 말은 아니다. 하지만 문예창작교실이 문인들을 양산하고, 문예지가 신인작가를 앞다투어 배출한다 할지라도 그 끝은 유한할 수밖에 없다. 이렇게 문단에 뼈를 묻겠다는 행렬이 좀체 줄어들지 않는 연유는 어디서 찾아야 하는가.

그 동인은 상아탑 안에서보다 상아탑 바깥에서 호황을 누리는 인문학 강좌와 별반 다르지 않을 것이다. 각박한 삶 속에서 찌들지 않을 수 없는 현실 속의 '나' 자신과 지금은 닿을 수 없지만 불원간 실현하고야 말려는 '자아' 사이에서 몸부림치는 자신을 치유하고 위무할 수 있는 것은 다름 아닌 글쓰기, 문예창작이다. 비록 그가 생산하는 글이 남들에겐 미숙 그 자체이더라도, 힘들고 지친 상처받은 자신의 삶에서는 그 글이 한 줄기 빛이요, 다음 여정을 위한 청량제일지도 모른다. 작가의 명패가 탐나서가 아니라 이런 믿음과 깨달음에 대한 희열로 글을 써다 보니 어느 날 시인, 수필가, 소설가가 되었을 것이다.

문인의 양산은 작품의 질적 저하를 초래할 것이고, 악화가 양화를 구축하듯 이는 다시 독자들의 문학작품에 대한 무관심으로 이어져 문학무용론의 나락으로 떨어질 가능성도 있겠지만, 질적 성장을 위한 과정이며 성장통일 수도 있다.

문학은 인구 4,000명 중 1명꼴로 희소가치가 있다. 현재 우리나라에서 활동하고 있는 의사가 인구 600명 당 1명이고 보면 우려할 만큼 큰 수는 결코 아니다. 더구나 인구 중 대다수가 농업이나 노동에 몸담았던 '70년대와 비교하는 일은 더구나 옳은 지적이 아니다. 40년이 지난 오늘날엔 대부분의 직업군이 화이트칼라 영역으로 재편되어 글을 읽고 쓸 기회와 시간적 여유가 많아졌다. 문화 예술 활동과 소비에 있어서도 소비자인 동시에 생산자, 생산에 관여하는 소비자인 프로슈머prosumer의 시대에 진입한 지 오래이다. 독자보다 작가가 많은 세상, 애써 작품을 써도 읽어줄 독자가 없는 세상, 작가로서는 안타깝기 그지없다. 그렇다고 너만은 충실한 독자 노릇만 하라고 강요할 수는 없다.

문학판에서의 진입 장벽이 낮아졌다고 불평하는 일은 문인이라는 선민의식의 발로요, 기득권을 고수하려는 의도로밖에 볼 수 없다. 수준이 낮은 작품이라고 쓰지 말라는 것은 횡포일 수도 있다. 다만 그런 질 낮은 작품의 발표로 인하여 장안의 지가가 영향을 받지 않도록 노력해야 한다. 잡지 편집자들은 작품의 게재와 유통에서 게이트키핑을 철저히 하여 아마추어 수준의 문예작품이 판을 치도록 내버려 두어서는 아니 될 것이다.

문학판에서의 여성화 역시 자연스럽게 받아들여야 한다. 여성 취업인구가 남성 취업인구를 앞지르고 있지 않은가. 또한 감동의 생산과 분배 과정 또한 남성보다는 여성이 더 적합하다 할 것이다. 문학교실에서의 여성화 고령화는 다만 유휴시간이 그들에게 할애되어지기 때문이다.

그리고 한 집 건너 한 사람씩의 문인이 나오더라도 절대적으로 말리지 말아야 할 절체절명의 시대를 우리는 살고 있다. 글로벌화, 인터넷화로 소수민족의 언어가 눈에 띄게 소멸해가고 있으며, 세계 언어는 영어로 쏠리고 있다. 우리도 모르는 사이에 이미 모국어 수난 시대는 도래하였다. 영어 교육에 들어가는 교육예산이 국어 교육 예산을 몇 배나 능가하고 있다. 한글, 한국어 역시 언젠가 안방을 내어주고 우리의 모국어가 영어가 되지 않는다고 어느 누구도 장담할 수 없는 형편이다.

문인이 위대한 것은 좋은 작품으로 국민들을 감동 교화시켜서만은 아니다. 모국어를 지키기 때문이다. 문학인들이야말로 우리말을 바르게 갈고 다듬는 모국어의 파수꾼이다. 그 파수꾼을 자처하는 사람들에게 기성 문단이 해줄 수 있는 것은 무엇일까. 비록 당장에는 부족하지만 앞으로 이들이 훌륭한 전사, 파수꾼이 될 수 있도록 새로운 관측기구 — 망원경, 잠망경, 적외선 렌즈, 프리즘, 현미경, 쌍안경 등 — 라도 제공하고 이들을 후원하여야 할 것이다.

장호병

대구수필, 한국수필 등에 작품을 발표하면서 창작활동을 시작하여 『사랑과 이윤』(1992, 공) 『웃는 연습』(1993) 『하프플라워』(2005) 『실키의 어느 하루』(2011) 등의 작품집이 있으며, 창작 이론서 『글, 맛있게 쓰기』는 탈고를 앞두고 있다.

'시사랑'을 창립, 1997. 6. 7 제1회 낭송회를 개최한 이래 매월 시낭송회를 10여 년간 지속하였고, 낭송용 엔솔로지(1~15회)는 월간 ≪시사랑≫으로 이어졌다. 시사랑 운동은 전국적으로 불이 지펴져 곳곳에 시사랑 모임이 생겨났으며, 대구시교육청의 좋은 시 읽기 운동을 이끌어냈고 초·중·고등학교에서는 시감상을 일상화하였다. 육군3사관학교에서 2년 동안 호국보훈의 달 시낭송행사를 가지는 등 저자는 이 땅에 '시사랑 전도사' '시사랑 홍보대사'를 많이 배출하였다.

대구예술공로상, 대구수필문학상, 대구문학상을 수상하였으며, 대구수필가협회 회장과 육군3사관학교 외래교수, 대구과학대학 멀티미디어과 겸임교수를 역임하였다.

현재, 한국문인협회 회원 국제펜 한국본부 회원
한국수필가협회 이사 한국수필 자문위원
계간 문학미디어 편집고문 문장 주간 겸 발행인
이상화기념사업회 이사 서강출판포럼 부회장
수필과지성 창작아카데미 대표
도서출판 북랜드 발행인
대구교육대학교 평생교육원 외래교수로 활동하고 있다.

• E-mail essayforum@hanmail.net
• 블로그 http://blog.daum.net/essaynlife
페이스북 http://facebook.com/essaynlife
트위터 http://twitter.com/yourhalf